Peter Thiesen

Beobachten und Beurteilen in Kindergarten, Hort und Heim

Beltz Verlag · Weinheim, Basel, Berlin

Ihre Wünsche, Kritiken und Fragen richten Sie bitte an:
Beltz Verlag, Fachverlag Soziale Arbeit, Erziehung und Pflege,
Werderstraße 10, 69469 Weinheim

ISBN 3-407-55873-2

Alle Rechte vorbehalten
© 2003 Beltz Verlag · Weinheim, Basel, Berlin
1. Auflage 2003

03 04 05 06 07   5 4 3 2 1

Planung und Lektorat: Richard Grübling
Satz: Deskom WA, Kiliansroda
Druck und Bindung: Gutenberg Druckerei, Weimar
Umschlaggestaltung: glas ag, Seeheim-Jugenheim
Titelfotografie: Agentur Focus, Hamburg
Printed in Germany

Weitere Informationen finden Sie im Internet unter
http://www.beltz.de

Inhalt

Vorwort

Nahezu täglich treffen Erzieherinnen und Erzieher Entscheidungen, die sich auf Verhaltensbeurteilungen gründen. Deshalb gehört die Fähigkeit zum systematischen Beobachten und Beurteilen zu den unverzichtbaren Grundkompetenzen jeder Fachkraft in der sozialpädagogischen Arbeit.

Das vorliegende Arbeits- und Übungsbuch möchte Ihnen helfen, Ihre Erfahrungen im Umgang mit Kindern auszubauen und zu erweitern.

Bereits zu Beginn Ihrer Ausbildung lernen Sie, Verhalten gezielt zu beobachten und daraus Schlüsse für sinnvolles erzieherisches Handeln zu ziehen. Die gezielte Beobachtung ist eine wichtige Entscheidungshilfe bei der pädagogischen Planung, Lenkung und Entwicklung zwischenmenschlicher Beziehungen. Zudem ist sie ein hilfreiches Instrument zum Bearbeiten von Verhaltensauffälligkeiten und Verhaltensstörungen.

Dieses Arbeits- und Übungsbuch wurde als Handreichung für den Einsatz an Fachschulen für Sozialpädagogik konzipiert. Seine wesentlichen Ziele sind:

- Vermittlung der für ErzieherInnen wichtigen Informationen über Wahrnehmen, Beobachten, Deuten und Beurteilen
- Kennenlernen von Grundbegriffen, Formen und Methoden der Beobachtung.
- Kritischer Umgang mit dem Instrument der Beobachtung.
- Gewinnen von Zuversicht in die eigenen Möglichkeiten.
- Training der Beobachtungs- und Beurteilungsfähigkeit.
- Erkenntnisse und Ergebnisse im Unterricht mit Hilfe dieses Buches für die praktische Arbeit nutzbar machen (Transfer).
- Erweiterung und Steigerung der Sachkompetenz.

Das Buch wendet sich an Erzieherinnen, Sozialpädagogische Assistentinnen und Kinderpflegerinnen, die Entwicklungen und Lern-schwerpunkte rechtzeitig erkennen und fördern wollen, bei Ver-haltensschwierigkeiten rechtzeitig für Abhilfe sorgen müssen und ihr eigenes Verhalten besser kontrollieren, vergleichen und planen möchten.

Für Ihre Arbeit mit dieser Studienhilfe wünsche ich Ihnen viel Erfolg. Gewidmet ist dieses Buch Anna, Inge, Renate, Eveline, Karin, Sabine, Eva, Lena und allen anderen Frauen, die fest mit beiden Beinen im Leben stehen.

Peter Thiesen

PS: Da Männer leider noch immer eine Minderheit im sozialpädagogischen Berufsfeld darstellen, wird der weiblichen Ansprache im Verlauf des Buches der Vorzug gegeben.

1. Warum beobachten wir?

Durch Beobachtung von Verhalten lernen wir im Laufe unseres Lebens einzelne Verhaltenssignale zu erkennen und Sinnzusammenhänge herzustellen. Erst nach diesem Einordnen kann man einen Schritt weitergehen: Von der Wahrnehmung zwischenmenschlicher Informationen zum richtigen, der Situation angepassten Verhalten.

Soll Erziehung sinnvoll betrieben werden, können wir auf Beobachtung und Verhaltensbeurteilung nicht verzichten. Handlungsziele und Perspektiven werden durch sie bestimmt.

Die Anforderungen an die Erzieherin sind hoch. Sie soll z.b.

- den Entwicklungsstand des einzelnen Kindes beurteilen und entsprechende, möglichst individuelle pädagogische Maßnahmen ergreifen können, Gruppen bilden und gestalten und Gruppenprozesse durchschauen,
- mit auffälligen und benachteiligten Kindern umgehen können,
- in der Lage sein, Kriterien und Methoden für die eigene Arbeit zu entwickeln,
- didaktische Materialien kennen und funktionsgerecht einsetzen
- und ihr pädagogisches Handeln fundiert und differenziert reflektieren.

Bei der Frage, wie die Erzieherin diese an sie gestellten Erwartungen und Aufgaben erfüllen soll, kommt der Beobachtung eine zentrale Bedeutung zu.

Ziele der Beobachtung

Grundsätzlich geht es bei der Verhaltensbeobachtung erst einmal um den *Erwerb umfassender Erkenntnisse.*
Beobachtungen sind Grundlage für

- jede gezielte, individuelle pädagogische Arbeit,
- die Arbeit mit der gesamten Gruppe,
- Beurteilung von Verhaltensformen (Kinder und Eltern beraten können),
- Kontaktaufnahme und -pflege,
- jegliche Planung (persönliche Eigenarten, körperliches und geistiges Leistungsvermögen, Bedürfnisse erkennen, angemessen fördern können)
- Reflexion und Nachbereitung.

Durch Beobachtungen können wir »*Typisches*« herausfinden, was das Verhalten eines Kindes, einer Gruppe oder auch der Erzieherin bestimmt. Wir erfahren z.b. etwas über die Stärken, Schwächen und Neigungen eines Einzelnen, versuchen sie zu beurteilen und eventuell gezielte Hilfen einzusetzen. Beobachtungen helfen, Vorgänge in der Kindergruppe zu erfassen (Freundschaften, Außenseiterpositionen, Feindschaften) und gegebenenfalls verändernde Maßnahmen einzuleiten. Mit Hilfe der Beobachtung können wir die Auswirkungen räumlicher und medialer Bedingungen (Raumgestaltung, Sitzanordnung, Spielmittel, Bücher, Kassetten) auf das Verhalten der Kinder ermitteln, um sie deren Bedürfnissen anzupassen.

Um sich individuell auf die Kinder ihrer Gruppe einstellen zu können, muss die Erzieherin die Interessen, Fähigkeiten und Eigenschaften ihrer Kinder möglichst genau kennen. Diese Informationen erhält sie durch intensive fortlaufende Beobachtungen.

Durch die Beobachtung stellt die Erzieherin Entwicklungen und Veränderungen in der Persönlichkeit des einzelnen Kindes fest. Sie erkennt Bedürfnislagen und aktuelle Interessen der Kinder. Kindliches Erleben und Verhalten wird so für die Erzieherin erkennbar und sie kann darauf situativ reagieren.

Die Erzieherin erhält beim Beobachten Hinweise darauf, ob die von ihr vermittelten Regeln für das soziale Zusammenleben im täglichen Gruppengeschehen tatsächlich beachtet und angewandt werden.

Nicht nur Kinder lernen durch Beobachten, sondern auch die Erzieherin, indem sie die Konsequenzen ihres pädagogischen Handelns im Verhalten der Kinder sieht und reflektiert.

Da Erzieherinnen immer wieder nach ihren Eindrücken von bestimmten Kindern gefragt werden, können Schilderungen beobachteter Ereignisse in der Gruppe sehr förderlich für Gespräche mit Kolleginnen und Eltern sein.

Zusammenfassung

- Die Beobachtung hilft Verhaltensweisen zu erkennen und Sinnzusammenhänge herzustellen. Sie ist Grundlage für jede gezielte, individuelle Arbeit.

- Durch die Beobachtung stellen wir Entwicklungen und Veränderungen in der Persönlichkeit eines Kindes fest.

Anregungen

- Gibt es »typisch weibliches« und »typisch männliches« Verhalten? Welche Beobachtungen haben Sie persönlich mit Rollenstereotypien gemacht?
  Tauschen Sie Ihre Erfahrungen mit anderen Schülerinnen in der Klasse aus.

- Was können Sie tun, um aktuelle Bedürfnislagen von Kindern in Ihrer Gruppe zu erkennen? Überprüfen Sie zunächst einmal die Bedürfnislage in Ihrer eigenen Klasse bzw. Lerngruppe.

2. Besonderheiten der Beobachtung

Wahrnehmung

Wenn wir uns mit Fragen der Verhaltensbeobachtung beschäftigen, kommen wir nicht umhin, uns mit den wichtigsten Grundlagen der Wahrnehmung auseinander zu setzen. Unter Wahrnehmung werden alle Vorgänge bzw. Prozesse und Ergebnisse der Informationsgewinnung und -verarbeitung von Sinneseindrücken verstanden. Diese Informationen können aus unserer Umwelt stammen, indem wir Menschen, Tiere und Gegenstände wahrnehmen. In diesem Fall sprechen wir von *äußeren Reizen bzw. Umweltreizen.* Informationen aus unserem Körperinneren, wie z.b. die Wahrnehmung eines Gefühls oder eines Schmerzes bezeichnen wir als *innere Reize bzw. Körperreize.*

Die nötige Übereinstimmung zwischen Körperinnerem und Umwelt ist durch ein System möglich, das die Umweltveränderungen registriert und die Informationen an die Organe weitergibt, die unsere Körperfunktionen steuern. Die für die Wahrnehmung spezifischen Zellen nennt man *Rezeptoren.* Obwohl einige von Ihnen in der Lage sind, sogar kleinste Erregungen wahrzunehmen, scheinen wir Menschen uns nicht in so vielen Sinneswelten zu empfinden. Unsere Sinnesorgane sind begrenzt leistungsfähig und nehmen nur einen Teil von dem auf, was in der Realität tatsächlich existiert. Dennoch sind sie in ihrer Anlage außerordentlich kompliziert und sehr empfindlich. Sie sind die»*Empfangsantennen*«, mit denen wir die Außenwelt zu uns hereinholen. Sie bilden die Grundlage für unsere Beziehung zur Umwelt.

Wir können unsere Sinnesorgane durch willkürliche Lenkung der Aufmerksamkeit (z.b. beim gezielten Beobachten eines Kindes) bewusst einsetzen. Bei Konzentration auf einen bestimmten Punkt, etwa beim Nachdenken über ein schwieriges Problem, können wir ein Sinnesorgan oder mehrere »*abschalten*«. Wir nehmen dann nichts mehr wahr, obwohl der Reiz unser Sinnesorgan weiterhin mit der bisherigen Intensität trifft. Die Einstellung auf ein bestimmtes Erlebnis kann so den Wahrnehmungsakt merklich beeinflussen.

Im Gegensatz zum Neugeborenen, dessen Welt eine reine Wahrnehmungswelt ist, verfügen wir als Erwachsene neben einer »*Wahrnehmungswelt des Augenblicks*« auch über die Möglichkeit des Gedächtnisses und des Wissens. In unserer Erinnerung ist der Duft der Gartenrose ebenso gespeichert wie das Motorengeräusch eines Traktors. Und mit Hilfe von Fernsehen und Büchern können wir uns in Welten versetzen, die wir niemals direkt wahrnehmen werden.

Bei der gezielten Verhaltensbeobachtung sind wir neben der akustischen Wahrnehmungsfähigkeit besonders auf unser wichtigstes Sinnesorgan, die Augen angewiesen. Über 75 Prozent von dem, was wir von unserer Umwelt wahrnehmen, verdanken wir unseren Augen. Unser Auge reagiert auf elektromagnetische Wellen und ist der wohl »weitreichendste« menschliche Sinn. Unzählige Informationen und Eindrücke werden ständig in Form von Licht von unseren Augen eingefangen und über die Netzhaut per Nervenleitung zum Gehirn gekabelt. Im Sehzentrum unseres Gehirns werden alle Nervensignale zu Bildern umgesetzt oder besser gesagt »gesehen«. Somit dienen unsere Augen als Kamera und das Gehirn fungiert als Bildschirm, der stets »online« geschaltet ist.

Unsere Augen können einen Winkel von etwa 200 Grad überblicken. Das ist etwas mehr als ein Halbkreis. Diesen Bereich bezeichnet man als Gesichtsfeld. Räumlich sehen wir in einem Winkel von 140 Grad. In dieser Region überschneiden sich die Gesichtsfelder unseres rechten und linken Auges. Die Tatsache, dass wir zwei Augen haben, bringt mehrere Vorteile. Zum einen ein größeres *Gesichtsfeld*, zum anderen sehen die etwa sechs Zentimeter auseinanderstehenden Augen Gegenstände aus unterschiedlichen Winkeln. Unser Gehirn lässt aus diesen Eindrücken ein räumliches Bild entstehen. Schließlich hilft uns die Fähigkeit zum räumlichen Sehen beim Abschätzen von Entfernungen, was im Straßenverkehr manchmal lebensrettend sein kann.

Wahrnehmung ist die Art, wie unser Gehirn die von den Sinnesorganen kommenden Informationen über die Umwelt interpretiert.

Ob es sich nun um eine Wahrnehmung aufgrund willkürlicher oder unwillkürlicher Aufmerksamkeitszuwendung handelt, in jedem Fall verläuft die Wahrnehmung in verschiedenen Phasen. Sie ist *kein augenblicklicher Akt*, wie etwa das Festhalten eines Bildes durch die Fotokamera, sondern ein, wenn auch unvorstellbar schnell ablaufender, *Prozess*.

Von den unzähligen Informationen, die jede Sekunde auf uns einwirken, gelangen nur die wichtigen Informationen bis in höhere Zentren unserer *Hirnrinde* und werden dort zu *bewussten Wahrnehmungen*.

Persönliche und soziale Faktoren unserer Wahrnehmung

Wenn schon unsere Wahrnehmung von Gegenständen kein bloßes Abbilden der objektiv gegebenen physikalischen Reize darstellt und durch *optische Täuschungen* genarrt werden kann, um wie viel komplizierter wird dann erst unsere Wahrnehmung zwischenmenschlicher Beziehungen und der sozialen Umwelt.

Die Wahrnehmung wird immer von *individuellen und sozialen Faktoren* beeinflusst und bestimmt. Diese Faktoren können verändern, verfälschen und verzerren, was sich in der Wahrnehmung von anderen Personen auswirkt. *Soziale Wahrnehmung ist stets auch ein Prozess gegenseitiger Beeinflussung.* Der erste Eindruck von einer anderen Person bleibt nicht ohne Auswirkung auf mein Verhalten dieser Person gegenüber *(Primacy-Effekt)*, aufgrund dessen sich diese wiederum selbst einen ersten Eindruck von mir bildet. Es kommt also zu einer Art Kettenreaktion mit Rückkoppelungseffekt. So kann die anfängliche Fehleinschätzung eines anderen Menschen zu einem dauernden Fehlurteil mit den daraus resultierenden Verhaltensweisen führen und die Beziehung der beiden zueinander gestört bleiben. Ein weiterer Fehler bei der Wahrnehmung von Personen ist das Sehen von Persönlichkeitseigenschaften bei anderen, die man an sich selber nicht wahrhaben kann oder will. Unsere Wahrnehmung hängt von verschiedenen persönlichen Faktoren ab, z.B. von *Trieben, Bedürfnissen, Interessen, Motiven, Gefühlen, Stimmungen, Einstellungen, bisherigen Erfahrungen und Wertvorstellungen.* Mit der Wahrnehmung werden Einstellungen und Werturteile verknüpft, d.h. wir fügen den aus der Umwelt erhaltenen Wahrnehmungen selbst noch etwas hinzu. Im Laufe unserer Entwicklung haben wir Erfahrungen gesammelt und sie im Gedächtnis gespeichert. Sobald Gegenstände oder Personen in der Umwelt beobachtet werden, wird auf dieses Datenmaterial zurückgegriffen und die unmittelbare Wahrnehmung ergänzt. Dabei kommen wir nicht selten zu verzerrten oder falschen Urteilen, trotz der subjektiven Gewissheit, dass das, was wir meinen »wahr« sei. Wir verlassen uns nicht nur auf unsere eigenen Vorausinformationen, sondern übernehmen die Urteile anderer und sehen Dinge und Personen wie diese. *Somit ist unsere Wahrnehmung auch abhängig von den Einflüssen durch andere Personen.* In dem Augenblick, indem sich ein Mensch in einer Gruppe befindet, passt sich seine Wahrnehmung dem Einfluss der Gruppe an. Soziale Einflüsse wie Wert- und Normvorstellungen innerhalb der Gruppe bedingen die Wahrnehmung des einzelnen entscheidend mit und lösen entsprechende Erwartungen aus. Nicht selten ist unsere *soziale Wahrnehmung* ein Kompromiss zwischen dem, was wir wahrzunehmen erwarten und dem, was wir faktisch in der Umwelt vorfinden.

**Unsere Wahrnehmung
wird beeinflusst durch**

persönliche Faktoren
wie
- Triebe, Bedürfnisse, Motive, Interessen, Stimmungen und Gefühle,
- bisherige Erfahrungen,
- Einstellungen, Wertvorstellungen,
- Intelligenz, Fähigkeiten und Fertigkeiten.

soziale Faktoren
wie
- Einstellungen, Vorurteile anderer Personen(gruppen),
- Wert- und Normvorstellungen innerhalb einer Gruppe bzw. einer Gesellschaft.

Wie kommen Wahrnehmungsfehler zustande?
Die Subjektivität unserer Wahrnehmung

Aufgrund zahlreicher Experimente weiß man, dass das Ergebnis unserer Wahrnehmung nur teilweise der tatsächlich existierenden Wirklichkeit entspricht. *Jede Wahrnehmung ist in den Gesamtzustand unseres Erlebens eingebettet.* Deshalb kann sie abgewandelt werden, einmal von den Gestalten der Außenwelt, zu denen das einzelne Wahrnehmungsobjekt gehört, zum anderen aber auch von den Gefühlen, Einstellungen und persönlichen Besonderheiten des einzelnen Menschen. Die Wirklichkeit bietet sich uns deshalb nicht »objektiv« dar, sondern nur im individuellen – also subjektiven – Erlebnis dessen, der sie wahrnimmt.

Wir sind durch *Wahrnehmungsschwellen* eingeengt und durch *Differenzierungsschwellen* unzureichend orientiert sowie durch eine Reihe von *Wahrnehmungstäuschungen* genarrt. Dennoch zeigt sich uns die Welt so, wie wir sie zur Anpassung und Bewältigung benötigen. Unsere Wahrnehmung wird zum einen durch die Beschaffenheit unserer Sinnesorgane eingeschränkt, zum anderen durch bestimmte Wahrnehmungsgesetze strukturiert, von anderen Wahrnehmungen mitgestaltet sowie von individuellen und sozialen Faktoren beeinflusst und verändert. Die Verzerrung und Verfälschung der Wirklichkeit *aufgrund der Subjektivität* der Wahrnehmung führt zu Wahrnehmungsfehlern, die insbesondere in der Wahrnehmung von Personen und Gruppen bedeutende Auswirkungen nach sich ziehen können, z.B. in Form von Ablehnung und Vorurteilen.

Neben *Wahrnehmungstäuschungen* gibt es auch eine sogenannte *Wahrnehmungsabwehr*, d.h. wenn Wahrnehmungsgegenstände auf Ablehnung oder Desinteresse beim Wahrnehmenden stoßen, ergibt sich eine längere Auffassungszeit und eine höhere Fehlerquote für das richtige Erkennen der Gegenstände. Andere Wahrnehmungsfaktoren begünstigen Veränderungen. Angst aber auch Erregung können in gewissen Grenzen Wahrnehmung und Lernen verbessern, indem sie die *Wahrnehmungsbereitschaft* und das *Aufmerksamkeitsniveau* erhöhen.

Gesetzmäßigkeiten unserer Wahrnehmung

Unsere Wahrnehmung wird nach bestimmten Gesetzen strukturiert und durch sogenannte *Konstanzphänomene* verbessert. Die Wahrnehmungspsychologie kennt eine Reihe von Gesetzmäßigkeiten. Grundprinzip dabei ist, dass mit Hilfe der Wahrnehmung Sinn und Ordnung in die Umweltreize gebracht wird.

Die bekanntesten Gesetzmäßigkeiten sind *Kontrast, Figur und Grund, Schwellen, Prägnanz, Assimilation und Konstanz.*

Das *Kontrast-Phänomen* besagt, dass Helligkeits- und Farbwerte nicht absolut sind, sondern sich in der Wahrnehmung nach äußeren Bedingungen ändern. Beim Fernsehempfang wird z.b. empfohlen für eine zusätzliche Beleuchtung zu sorgen, um das Kontrast-Phänomen abzumildern. Mit *Figur und Grund* versucht man die unendliche Zahl der Umweltreize zu beschreiben. Kein Mensch kann auf alles achten. Deshalb trifft er durch bewusste und unbewusste Heraushebung eine Auswahl. Der Rest verschwindet als Hintergrund.

Das *Schwellen-Phänomen* macht deutlich, dass es für uns Menschen sogenannte Wahrnehmungsschwellen nach oben und unten gibt. So können Hunde höhere Töne wahrnehmen als wir. *Prägnanz* beschreibt die Tendenz, Gegenstände, Personen und Tiere auch in einer verwirrenden Vielfalt zu entdecken und zu bedeutungs- und sinnvollen Gestalten zu ordnen und zu vervollständigen. Die *Assimilation* beschreibt die Fähigkeit der menschlichen Wahrnehmung, Helligkeitsunterschiede auszugleichen. Jeder Fotograf weiß, wie schwer diese mit der Kamera zu meistern sind. *Wahrnehmungskonstanzen* verbessern die Wahrnehmung. Sie sind die Bezeichnung für das Phänomen, dass trotz ständig ändernder Reizverhältnisse bzw. Gegebenheiten eine gleichbleibende, unveränderte Wahrnehmung stattfindet. Wahrnehmungskonstanzen helfen uns, in die unzähligen Informationen, denen wir täglich ausgesetzt sind, eine gewisse Ordnung zu bringen.
Am bekanntesten sind:

Größenkonstanz:
Trotz unterschiedlicher Entfernung werden Personen und Gegenstände als gleichgroß wahrgenommen.

Formkonstanz:
Personen und Gegenstände nehmen wir trotz unterschiedlicher Perspektive in ihrer Form als gleich wahr.
Farb- und Helligkeitskonstanz:
Trotz unterschiedlicher Beleuchtung werden Personen und Gegenstände in ihrer Form als gleich wahrgenommen.

Mit der These »Das Ganze ist mehr als die Summe seiner Teile«, kennzeichnet die Gestaltpsychologie den sogenannten *Gestalteindruck* als Eigenleistung des Wahrnehmenden. Gemeint ist damit, dass wir gar nicht anders können, als Gestalten zu sehen, und dass einzelne Reize grundsätzlich in einen Gesamtzusammenhang eingebettet sind. Wenn Sie sich auf den folgenden Seiten einmal die geometrischen Täuschungen etwas genauer anschauen, so wird diese Tatsache augenfällig belegt.

Optische Wahrnehmungstäuschungen

Menschen, die Gleiches sehen, nehmen nicht immer auch Gleiches wahr. Selbst der Wert und Unwert von Zeugenaussagen wird durch eine Vielzahl optischer Täuschungen immer wieder deutlich. Optische Täuschungen sind Bilder, die vom Auge falsch gesehen und seltsam interpretiert werden. Sie sind *Fehlleistungen*, die durch das Zusammenspiel von Augen und Gehirn entstehen. Unser Gehirn muss Tausende von Signalen, die von den Augen kommen, ordnen und ihnen einen Sinn geben. Hierfür vergleicht es die Signale mit dem, was es aus Erfahrung bereits über die (Um)Welt weiß. Damit die neue Information zu den bekannten Erfahrungen passt, verändert es unter Umständen das Bild, so dass wir es anders wahrnehmen als es wirklich ist. Die Wissenschaft hat sich lange mit optischen Täuschungen beschäftigt. Es wurde erkannt, dass ein Gestaltprinzip wirksam wird, was soviel bedeutet, dass wir bei der Wahrnehmung nie Einzelteile für sich feststellen, beobachten und wahrnehmen, sondern immer nur das Ganze – und die Einzelheit in das Ganze eingebettet – wahrnehmen. Deshalb bekommt dieselbe Einzelheit von der Umgebung her ein anderes Gesicht in der Wahrnehmung, als sie es isoliert haben würde.

Drei Beispiele aus der Vielzahl optischer Täuschungen:

Die wohl berühmteste Umkehrung von Figur und Hintergrund wurde von dem dänischen Psychologen *Edgar Rubin* entwickelt. Es handelt sich um eine *ambige* Figur, die man als zwei einander zugewandte Gesichter interpretieren kann oder als Vase bzw. Kelch, der durch den Zwischenraum zwischen den Profilen entsteht. Man bezeichnet eine Figur dann als *ambig* oder als *Kippfigur*, wenn sie als zwei oder mehr verschiedene Bilder gedeutet werden kann.

Rubins Vase

Sehr bekannt ist auch das Bild der *jungen/alten Frau* des amerikanischen Psychologen *E.C. Boring*.
Es ist so konzipiert, dass es uns zwingt, abwechselnd zwei scharf voneinander abgegrenzte Gesichter wahrzunehmen.
Was sehen Sie zuerst: Eine attraktive junge Frau oder eher eine hässliche Alte? Können Sie beide Bilder Borings Frau/-en erkennen? Und zwar gleichzeitig?

Borings Frau/en

Ähnliche Umkehrungen zwischen Figur und Hintergrund finden beim *Eskimo-Indianer* statt. Bei der Betrachtung von Bildern dieser Art neigen wir meist zu einer optischen Einseitigkeit, die meist in Zusammenhang mit der Betonung einer Hand oder Körperseite steht. Rechtshänder und *Rechtsseher* werden vorwiegend erst den Indianer sehen, während Linkshänder und *Linksseher* meist zuerst den Eskimo erkennen.

Eskimo/Indianer

Beobachtung

Wollen wir das Phänomen *Beobachtung* erläutern, müssen wir zwischen der bisher ausführlich beschriebenen *Wahrnehmung* und Beobachtung unterscheiden.

Die Verhaltensbeobachtung wird allgemein verstanden als *aufmerksame, planmäßig-selektive* und *methodisch kontrollierte Wahrnehmung* mit dem Ziel der Gewinnung von Informationen über einzelne Personen oder Gruppen. Sie entspringt einer Suchbewegung und geht über die einfache Wahrnehmung hinaus, da die Aufmerksamkeit von einer *leitenden Zielvorstellung* und vertieftem Nachdenken gesteuert wird. Beobachtungen werden systematisch unter variierenden Bedingungen durchgeführt und das beobachtete Verhalten wird beschrieben und registriert.

Menschliches Verhalten können wir überall studieren: auf der Strasse, beim Autofahren, im Restaurant, in der Schule, auf dem Sportplatz, im Konzertsaal, am Strand im Urlaubsort. Alles, was wir Menschen machen, zeigt Verhalten. Wie wir uns begrüßen, wie wir uns streiten, wie wir uns lieben, wie wir ausdrücken, zu welcher gesellschaftlichen Schicht wir gehören wollen und wie wir unsere Rolle als Mann oder Frau verstehen. Da der Mensch sein Wesen ständig über sein Tun und Handeln ausdrückt, und so, wenn auch oft unbewusst, Mitteilungen über sich selbst macht, kann der aufmerksame Beobachter lernen, solche indirekten Botschaften zu entziffern.

Unsere tägliche Kommunikation mit anderen Menschen ist voller Situationen, in denen sich das Verhalten, zu dem auch die Körpersprache gehört, im Verbund mit der Sprache darstellt. Weil die meisten Menschen in der Regel ihr Augenmerk auf das gesprochene Wort richten, kann ihnen der Zusammenhang zwischen Sprache und Verhalten leicht entgehen.

Im alltäglichen Sprachgebrauch wird der Begriff »*Verhalten*« häufig unbedacht eingesetzt. Wenn einem auffällt, etwas getan zu haben, was er besser unterlassen hätte, so meint er, »sich falsch verhalten« zu haben. Hat jemand eine schwierige Situation gemeistert, spricht man ihm anerkennend zu, sich »gut verhalten zu haben«. Geht eine Person unerwartet der anderen aus dem Weg,

»verhält sie sich anders« als bisher. Gleich, ob richtiges oder falsches, auffälliges oder aufdringliches, geschicktes oder ungeschicktes Verhalten: Immer stehen unseren aktiven Handlungen die sehr persönlichen Erwartungen unserer Mitmenschen, sowie gesellschaftliche Normen und Regeln gegenüber. An ihnen werden Verhaltensweisen, die meist eine Mischung und Verknüpfung von Handlungen sind, gemessen.

Bei der Verhaltensbeobachtung im Kindergarten geht es meist um die Gewinnung detailreicher Informationen über das Spiel-, Lern- und Sozialverhalten, die körperlich, seelische und kognitive Entwicklung des Kindes sowie um »auffällige«Verhaltensweisen, die es zu erkennen und abzuklären gilt, um entsprechend helfen zu können.

Beobachtbare Verhaltensweisen sind Handlungen, die wir – und andere natürlich auch – von außen her sinnlich über Sehen, Hören und körperliche Gefühle wahrnehmen können. Unsere Beobachtung soll nun eine möglichst objektive Datenerhebung sein, auf deren Grundlage sich sinnvolles pädagogisches Handeln aufbauen lässt. Als beobachtbares Verhalten in der Beziehung zwischen den Kindern und zur Erzieherin hin gibt es verbales (sprachliches) und nonverbales (nichtsprachliches) Verhalten, das sich in Motorik, Mimik, Gestik und durch Blickkontakt äußert.

Wenn wir beobachten, lassen wir nicht alle Sinnesreize passiv in uns hineinströmen, sondern werden aktiv, indem wir den Sinneswahrnehmungen eine Richtung geben. Wir tun dies mit der Absicht, unser Handeln an den Informationen, die wir auf diese Weise erhalten, auszurichten. Natürlich können unsere Beobachtungen ebenso auch Handlungsplänen folgen, die wir im Kopf haben.

Durch die *Planung* wird die Beobachtung aus der Alltagserfahrung auf eine wissenschaftliche Ebene gehoben und kontrollierbar. Die Zuverlässigkeit und Genauigkeit der durch Beobachtung gewonnenen Ergebnisse hängen von mehreren Faktoren ab. Unter anderem von der Beobachtbarkeit eines Tatbestandes: Soziales Verhalten lässt sich in vertrauter Privatsphäre schwieriger beobachten als in der Öffentlichkeit. Auch die *Beobachtungssituation* (beim Freispiel, bei einer Beschäftigung oder beim Essen), die *Wiederholbarkeit der Beobachtung* zum Zweck der Kontrolle bzw. Überprüfung, der

Standort der Beobachterin und der *Ablauf des Beobachtungsvorgangs* beeinflussen Beobachtungsprozesse und -ergebnisse ebenso wie die verschiedenen *Beobachtungsformen*, auf die in Kapitel 5 ausführlich eingegangen wird. Nicht zuletzt bestimmen eine Reihe weiterer *Bedingungsfelder*, wie kindliche Verhaltensweisen *gesehen* werden. Verhalten, das von uns als »auffälliges«Verhalten beschrieben wird, besteht meist nicht aus einem einzelnen, sondern aus einer Kombination verschiedener Symptome.

Die Lebensbezüge eines Kindes bilden den Hintergrund für die Einschätzung seines Verhaltens. Institutionen stellen z.b. ganz bestimmte Normen des Verhaltens auf. Die Grundschule unterscheidet sich dabei von denen des Kindergartens. Vom Grundschulkind werden Verhaltensweisen erwartet, die ein gerade in den Kindergarten gekommener Dreijähriger noch nicht erbringen muss. Eltern, die den Ergeiz haben, ihr Kind sehr früh einzuschulen, zeigen, dass sich die Normen der Umwelt oft nicht an den Bedürfnissen der Kinder ausrichten und deren individuellen Entwicklungsstand außer acht lassen. Gerade der Ruf aus der Politik, Eltern sollten ihre Kinder aufgrund des Ergebnisses der *PISA-Studie* früher einschulen lassen, zeigt, wie wichtig differenzierte Beobachtungen sind, will man die körperlich-geistig-seelische Reife richtig einschätzen und die Kinder nicht restlos überfordern.

**Bedingungsfelder,
die das Verhalten des Kindes mit entscheiden bzw. beeinflussen**

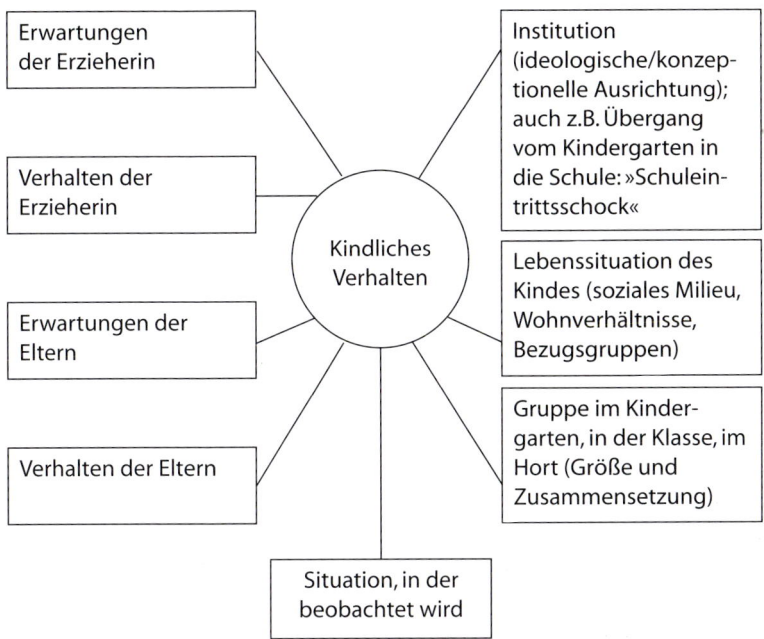

Erwartungen
der Erzieherin

Verhalten der
Erzieherin

Erwartungen der
Eltern

Verhalten der Eltern

Kindliches
Verhalten

Institution
(ideologische/konzep-
tionelle Ausrichtung);
auch z.b. Übergang
vom Kindergarten in
die Schule:»Schulein-
trittsschock«

Lebenssituation des
Kindes (soziales Milieu,
Wohnverhältnisse,
Bezugsgruppen)

Gruppe im Kinder-
garten, in der Klasse, im
Hort (Größe und
Zusammensetzung)

Situation, in der
beobachtet wird

Verhalten wird entscheidend von der Situation bestimmt, in der man sich befindet. Es bedarf keiner besonderen psychologischen Kenntnisse, um zu wissen, dass sich Verhalten unter Druck, Angst oder Zwang ändert. Sind wir»aus dem Häuschen« vor Freude, verhalten wir uns anders als vor einer Prüfung oder dem Zahnarztbesuch.

Für die Erzieherin ergeben sich hieraus zwei Überlegungen:
1. Verhaltensbeobachtungen dürfen sich nicht auf Ausnahmesituationen beschränken.
2. Wiederum ist es wichtig zu wissen, wie sich Verhalten im Stress auswirkt.

Es ergeben sich zwei Fragen:
- In welcher Situation wurde/wird beobachtet?
- Für welche Situation soll die Beobachtung gelten?

Täglich nimmt die Erzieherin Vorgänge wahr, ohne jedes Mal systematisch zu beobachten. Bei diesen »zufälligen« Beobachtungen muss die Erzieherin den Kindern gegenüber spontan handeln, indem sie unmittelbar entscheidet, ob zwei Streithähne ihren Konflikt allein regeln können oder sie selbst eingreifen muss. In dieser Situation spielt nicht nur die *Fremdbeobachtung* der beiden Kinder eine Rolle, sondern auch die *Selbstbeobachtung* für die Reflexion des eigenen Erzieherverhaltens. Denn die Entscheidung der Erzieherin, ob sie in den Streit eingreift oder nicht, kann von verschiedenen Motiven bestimmt sein. Sie kann z.b. im Augenblick keine Lust haben, auf die Kinder einzugehen oder sie vertraut auf bereits gelernte Fähigkeiten der Kinder, mit ihrem Konflikt allein fertig zu werden. Die Erzieherin kann aber auch eingreifen, weil sie sich durch den Lärm selbst gestört fühlt. Ebenso kann sofortiges Eingreifen notwendig sein, um das schwächere Kind vor einer Niederlage, die sein Selbstwertgefühl empfindlich beschädigt, zu schützen. Und selbstverständlich ist auch bei heftigen körperlichen Auseinandersetzungen sofort einzuschreiten.

Das Eingreifen oder Nichteingreifen in einen beobachteten Kinderstreit kann also, wie schon erwähnt, von verschiedenen Motiven der Erzieherin bestimmt sein, was dazu führt, ihr eigenes Verhalten zu reflektieren. In diesem Fall würde sie sich fragen: »Warum habe ich so und nicht anders auf die beiden streitenden Kinder reagiert?«

Die Spielunlust oder starke Unruhe in einer Gruppe können bei der Erzieherin mehrere Überlegungen auslösen:

- Warum ist die Gruppe so unruhig? Ursache/Anlass?
- Warum nutzen die Kinder das vorhandene Spielmaterial nicht?
- Womit beschäftigt sich die Gruppe sonst gern?
- Welche Spiele, gezielten Beschäftigungen, Materialien, Medien und Situationen kann ich anbieten, damit die Gruppe wieder intensiver spielt?

Ausgehend von der »spielunlustigen Gruppe« kommt die Erzieherin durch *Einkreisungsfragen* zu einer Begrenzung der Beobachtungssituation, was ihr die Arbeit erleichtert und zu schnelleren Ergebnissen bzw. Antworten führt:

- Was will ich gezielt beobachten? (Z.B. das Verhalten bei Regelspielen.)
- Wen will ich beobachten? (Z.B. ein oder zwei bestimmte Kinder, die Gruppe, die Praktikantin beim Spiel mit den Kindern, mich selbst im Spiel mit den Kindern)
- Wann und wie lange will ich beobachten? (Zu Beginn einer Spielphase, am Ende, während des ganzen Zeitraumes, in welchen Situationen?)
- Wie will ich beobachten? (Mit vorbereitetem Beobachtungsbogen, Strichliste, Videokamera?)

Die Beobachtung unter dem *»Einkreisungsaspekt«* macht rasch deutlich, in welchen Spielsituationen, in welcher Häufigkeit und in welcher Intensität das von der Erzieherin beobachtete Verhalten auftritt.

Deutung

Die Deutung von Verhalten ist das Bindeglied zwischen Beobachtung und Beurteilung, zwischen wahrgenommenem Ausdruck und gewonnenem Eindruck, zwischen Beobachtetem und Beobachter.

Im Lauf unseres Lebens haben wir zahllose Entscheidungen zu fällen, die auf eine zutreffende Deutung und anschliessende Beurteilung von Verhalten angewiesen sind. Die Erzieherin kann sich deshalb nicht mit der Beobachtung und deren Beschreibung begnügen, wenn es darum geht, aus Verhalten auf angemessene Erziehungsmaßnahmen zu schließen. Als angehende Erzieherin ist man noch zögerlich und scheut sich vor der Verhaltensdeutung. Dafür besteht kein Grund. Jeder von uns praktiziert sie täglich. Lediglich die Bewusstmachung des psychischen Vorgangs ist neu, seine systematische Zuordnung zu Beobachtung und Beurteilung und die Eröffnung von Möglichkeiten, die eigene Verhaltensdeutung künftig benennen und begründen zu können. Ansonsten deuten bzw. interpretieren wir ständig: Bei einem Gang durch die Stadt z.B. sehen wir unzählige Menschen, deren äußeres Erscheinungsbild, Auftreten und Sprache unmittelbar zu Deutungen bei uns führen.

In der Verhaltensbeobachtung haben wir ganz klar zwischen der *Beschreibung beobachteten Verhaltens, seiner Deutung* und *Beurteilung* zu unterscheiden:

- *Beobachtung und Beschreibung:* Das Verhalten wird methodisch-sachgerecht beobachtet, benannt und beschrieben. Hierzu gehört die Gewinnung des Ersteindrucks (wie äußeres Erscheinungsbild, Konstitution usw.), Ausdruck (Sprechen, Mimik, Gestik), situatives Verhalten (Stress, Zwang, Ungebundenheit), Selbstaussagen (Selbstgefühl, Motivation, Interessen, Abneigungen), Fremdinformationen durch Eltern, Lehrer, Kolleginnen (Gemeinschafts- und Lernfähigkeit) und Biografie (Familie, Erziehung, Entwicklung).

- *Deutung:* Das äußere Erscheinungsbild des Beobachteten wird vom Beobachter gedeutet und hinterfragt. Emotionen, Empfindungen, Intelligenz, Individualität, Wollen und Streben, Temperament und Bindungsfähigkeit lassen sich nur deuten. Um zu wissen, warum ein Kind Angst, Wut, Traurigkeit oder Freude zeigt, müssen wir in Erfahrung bringen, durch welche konkreten Außenreize und Handlungen es zu diesen Reaktionen gekommen ist. Über die Bedeutung und den Einfluss von Emotionen auf unser Verhalten besteht kein Zweifel. Jeder Augenblick unseres Lebens ist in irgendeiner Form durch Gefühle geprägt – angefangen von Traurigkeit und Freude bis hin zu Ärger oder Überraschung. Wie immer wir uns verhalten – stets ist unser Handeln von Emotionen beeinflusst. Wir sehen z.B. ein lachendes und ein trauriges Kind. Was wir nicht sehen können, sind die Emotionen, die für das jeweilige Kind mit dem Lachen oder der Trauer verbunden sind. Sie lassen sich nur deuten.
Von allen Empfindungen, die wir zum Ausdruck bringen können, ist wahrscheinlich die Freude am leichtesten zu erkennen. Gerade bei Kindern lässt sich diese Freude offen und unverstellt beobachten: Wenn sie sich freuen, beginnen die Augen zu strahlen und der Mund verzieht sich zu einem Lächeln. Das *bewusste Erleben* der Freude als subjektives emotionales Erlebnis des Kindes deuten wir anhand seiner sichtbaren Mimik.

Die deutlichste und unmissverständlichste Art, seine Gefühle anderen mitzuteilen, ist die Sprache. Wenn jemand über seine Gedanken und Gefühle spricht, können diese kaum falsch gedeutet werden. Um unseren Mitmenschen unsere Emotionen mitzuteilen, ist die Sprache zwar die effektivste, aber bei weitem nicht die einzige Möglichkeit, derer wir uns bedienen können. Die nonverbale Kommunikation spielt beim Ausdruck unserer Gefühle ebenfalls eine große Rolle. Körperhaltung und Gesichtsausdruck spiegeln unsere Gefühlswelt nach *außen* – also sichtbar – wieder. Und selbst unter dem Vorsatz, anderen etwas vorzuspielen, sind die Emotionen nur schwer zu kontrollieren und verraten zumindest teilweise unser Empfinden, was wiederum andere zum Deuten bzw. Interpretieren unseres Verhaltens veranlasst:»Was ist mit dir? Du verhältst dich heute so anders?«

Wenn wir etwas deuten, versuchen wir uns Klarheit zu verschaffen und (unbewusste) Motive für bestimmtes Verhalten bewusst zu machen Deutungen regen zum Nachdenken über den Beobachteten wie über die eigene Erzieherperson an.

Beurteilung

Das Erstellen von *Beurteilungen* erfreut sich in der Sozialpädagogik keiner besonderen Beliebtheit. Gründe hierfür sind u.a.: Unsicherheiten im Deuten und Beurteilen, die Furcht sich festzulegen oder das Missverständnis, Beurteilungen lediglich als administrative Maßnahme zu sehen. Dabei sind sie unverzichtbar, insbesonders, wenn man sie als ein wichtiges Instrument der Förderung versteht. Neben der Verhaltensbeurteilung von Kindern, gehört es fast zum »Tagesgeschäft« einer Erzieherin, auch die Leistungen und das Verhalten von Praktikantinnen zu bewerten und zu beurteilen.

Ziel der Verhaltensbeurteilung ist es, auf konkrete Fragestellungen verwertbare Antworten zu geben.

Bei freien Verhaltensbeurteilungen wie bei der Verwendung von Beurteilungsbögen mit eindeutig vorgegebenen Fragestellungen muss sie die Erzieherin fragen, inwieweit sie einer persönlichkeitsbedingten Beurteilungstendenz unterliegt. Gemeint ist damit, dass zwei unterschiedliche Beurteiler ein und dasselbe Verhalten oder ein und dieselbe Leistung sehr unterschiedlich bewerten können. Selbst bei angestrebten gleichen Beurteilungskriterien gibt es milde, strenge und solche Beurteilerinnen, die sich nicht festlegen wollen. Die strenge Beurteilerin sieht die Leistungen einer zu beurteilenden Person vorrangig durch die Brille ihres kritischen Ich. Gute Leistungen werden als Mittelmass bewertet und sehr gute Leistungen gibt es bei ihr gar nicht. Die milde Beurteilerin kommt vor allem aus dem unterstützenden Ich. Typisch für die sich nicht festlegen wollende Beurteilerin die Tendenz der Mitte. Sie will es sich mit niemandem verderben, will aber auch nicht das Risiko eingehen, dass jemand aufgrund ihrer Bewertung »übermütig« wird. Ihre Beurteilungen sind wenig aussagekräftig und deshalb unbrauchbar.

Beurteilende müssen sich fragen, wie stark die in ihrer eigenen Sozialisation übernommenen Werte, Normen und Einstellungen Einfluss auf die Beurteilung anderer Menschen nehmen. In jeder Gesellschaft herrschen *Verhaltensnormen*, die von der Erwachsenengeneration durch bewusste oder unbewusste Erziehungspraktiken an die Kindergeneration weitergegeben werden. Diese Normen wie die Erziehungspraktiken sind von verschiedenen Faktoren (Geschichte, wirtschaftlicher Entwicklung einer Gesellschaft, Sozialstruktur usw.) abhängig. Demnach verändern sich auch Verhaltensnormen im Verlauf der Geschichte und damit die Maßstäbe, mit denen z.B. »normales« und »abweichendes« Verhalten gemessen werden.

Die Normen, nach denen wir das Verhalten anderer messen, sind relativ und werden von der eigenen Lebenserfahrung, der Zugehörigkeit zu einer bestimmten Schicht und von den bestehenden gesellschaftlichen Normen bestimmt. Auffälliges Verhalten lässt sich demnach als ein Verhalten bezeichnen, das in unserer Wahrnehmung stärker von der Idealnorm abweicht als »nicht auffälliges«. Die Erzieherin wird das Verhalten eines Kindes, das sich hin und wieder einmal aus dem Gruppengeschehen zurückzieht, um zu »träumen«, sicher anders beurteilen als das Verhalten eines Kindes, das sich ständig vom Gruppengeschehen fern hält. Ein auffälliges Kind zeigt also nicht ein völlig anderes Verhalten als ein »normales«

Kind. Es unterscheidet sich nur graduell vom Normalen. Auffällige Kinder haben durchaus ähnliche Probleme wie nicht auffällige. Sie treten bei ihnen jedoch häufiger und in intensiverer Form auf. Wir messen auffälliges Verhalten auch daran, was wir unter »normal« für eine bestimmte Altersstufe ansehen. Ein daumenlutschendes Kleinstkind werden wir im Gegensatz zu einem Erwachsenen, der der gleichen Tätigkeit nachgeht, nicht als auffällig bezeichnen.

Ein Großteil unserer Beurteilungen ergibt sich aus der Bewertung nonverbalen Verhaltens. Nichtsprachliches Verhalten lässt sich unterschiedlich interpretieren. So können wir das »Verschränken der Arme« *positiv* als Zufriedenheit oder *negativ* als Unsicherheit oder Abwehrverhalten deuten. Das »Senken des Kopfes« lässt sich als Nachdenken oder als Unsicherheit (Vermeiden von Blickkontakt) interpretieren. Ein »Lächeln« können wir als Sympathie und Kooperationsbereitschaft, aber auch als Zeichen von Verlegenheit und Unsicherheit deuten. Oft steht auch das gesprochene Wort in einer Diskrepanz zu Mimik, Gestik und Gebärden, was zu entsprechenden Fehldeutungen und unzureichenden Gesamtbeurteilungen führen kann (näheres hierzu in Kapitel 7).

Wie bereits angesprochen, unterliegen freie Verhaltensbeurteilungen immer einer gewissen Subjektivität. Mit Hilfe von *Beurteilungssystemen und Beschreibungskategorien*, die verbindlich formulierte Fragestellungen enthalten, soll sich die Objektivität der Beurteilung erhöhen. Manche Verfahren bedienen sich sogenannter *Verhaltenslisten und Einschätzskalen*, wobei die Auswertung und Interpretation der festgehaltenen Daten wiederum dem subjektiven Ermessen des Anwenders unterstellt bleiben: Beispielsweise beobachtet die Erzieherin den Umgang eines Kindergartenkindes mit vorgegebenen Spielmaterialien und beurteilt dabei mittels einer Liste benannter Verhaltensweisen, in welchem Ausmaß die hiermit verbundenen Anforderungen an die Feinmotorik (Geschicklichkeit der Hände) jeweils bewältigt erscheinen. Aus der Gesamtheit ihrer Einschätzungen und Erkenntnisse ergibt sich dann ein Bild vom aktuellen sensomotorischen Entwicklungsniveau des betreffenden Kindes.

Die Qualität einer Beurteilung hängt vom Ausmaß ihrer nachweislichen Genauigkeit ab. Nur das Bemühen um größtmögliche *Objektivität* ermöglicht, dass verschiedene Erziehungspersonen hinsichtlich eines bestimmten Kindes zu vergleichbaren Erkenntnissen gelangen.

Mit zunehmender Bedeutung der Konsequenzen, die für ein Kind aus einer Beurteilung resultieren können, sind auch erhöhte Anforderungen an deren *Zuverlässigkeit* zu stellen. Hieraus ergeben sich als Denkanstösse für Beurteilende:

- Die Beurteilung bildet den Abschluss einer schriftlichen Verhaltensbeschreibung. Sie fasst die Deutungen der einzelne Beobachtungsabschnitte in einem bewertenden Gesamtbild zusammen.

- Beurteilungen werden schriftlich festgehalten. So ist ein ständiger Rückgriff auf gesammelte Daten und ein Vergleich mit den Beurteilungen anderer Kinder in der Gruppe möglich.

- Beurteilungssysteme (z.B. Beobachtungsbögen, wie sie auch in diesem Buch beschrieben werden), sollen die Beurteilung so weit wie möglich objektivieren.

- Was beurteile ich tatsächlich – auch in Abhängigkeit zu einem Beurteilungsbogen?

- Wie stark beeinflusst mich meine eigene Sozialisation und Biografie bei der Beurteilung anderer Menschen?

- Wie stark beeinflusst mich die Persönlichkeit der von mir zu beurteilenden Person?

- Wie begründe ich meine Beurteilung? Basiert sie vor allem auf kurzen, isolierten Eindrücken oder auf einer kontunierlichen Beobachtung über einen längeren Zeitraum hinweg (Dauer- bzw. Langzeitbeobachtung).

Zusammenfassung

- Unter *Wahrnehmung* werden alle Vorgänge bzw. Prozesse und Ergebnisse der *Informationsgewinnung und -verarbeitung von Sinneseindrücken* verstanden.

- Die Wahrnehmung wird immer von *individuellen* und *sozialen* Faktoren beeinflusst und bestimmt. Soziale Wahrnehmung ist stets auch ein Prozess gegenseitiger Wahrnehmung.

- Die bekanntesten Gesetzmäßigkeiten unserer Wahrnehmung *(Konstanzphänomene* genannt) sind Kontrast, Figur und Grund, Schwellen, Prägnanz, Assimilation und Konstanz.

- Verhaltensbeobachtung wird allgemein verstanden als aufmerksame, *planmäßig-selektive* und *methodisch kontrollierte* Wahrnehmung mit dem Ziel der Gewinnung von Information über einzelne Personen und Gruppen.

- Beobachtbare Verhaltensweisen sind *Handlungen,* die wir von außen her sinnlich über Sehen, Hören und körperliche Gefühle wahrnehmen können. Verhalten wird entscheidend von der Situation bestimmt, in der man sich befindet.

- Deutung ist das *Bindeglied* zwischen Beobachtung und Beurteilung. Das äußere Erscheinungsbild des Beobachteten wird interpretiert und hinterfragt.

- Die *Verhaltensbeurteilung* will auf konkrete Fragestellungen verwertbare Antworten geben. Beurteilungen sollten als wichtiges Instrument der Förderung verstanden werden.

- Beurteilungen unterliegen immer einer gewissen *Subjektivität.* Die *Qualität* einer Beurteilung hängt vom Ausmaß ihrer nachweislichen Genauigkeit ab.

- Mit Hilfe von *Beurteilungssystemen* und Beschreibungskategorien, die verbindlich formulierte Fragestellungen enthalten, soll sich die *Objektivität* der Beurteilung erhöhen.

Anregungen

- Zeigen Sie an einigen Beispielen auf, wie persönliche und soziale Faktoren die Wahrnehmung verändern können.

- Beschreiben Sie an einem konkreten Beispiel, wie unsere Wahrnehmung durch Konstanzphänomene verbessert wird.

- Sie kennen die Redewendungen »Liebe macht blind« und »Blind vor Wut«. Können Sie diese beiden Aussagen mit Hilfe von Erkenntnissen über die Wahrnehmung erklären?

- Wissen Sie noch, was Sie auf Ihrem heutigen Weg zur Fachschule alles gesehen haben? Was fiel Ihnen besonders auf und warum?

- Wie wirkt sich Verhalten im Stress aus? Haben Sie schon einmal gezielte Beobachtungen bei sich selbst vorgenommen? Was fiel Ihnen dabei auf?

- Welche Überlegungen stellen Sie an, wenn Sie Unruhe in Ihrer Gruppe wahrnehmen. Wie gehen Sie vor?

- Was versteht man in der Beobachtung unter »Einkreisungsfragen«?

- Ein Kind in Ihrer Gruppe fällt durch »überängstliches Verhalten« auf. Wie gehen Sie nach dem Einkreisungsaspekt vor und welche Handlungsansätze bieten sich an?

3. Beobachtungsbereiche

Beobachten ist für die Erzieherin ein alltägliches Geschehen in ihrer Gruppe. Durch Beobachtungen erfährt sie, was die Kinder tun und wie sie es tun. Beobachtungen sind die Grundlage ihrer erzieherischen Arbeit. Wenn die Erzieherin in der Lage ist, das alltägliche Geschehen schnell und sicher zu registrieren und einzuordnen, wird sie in problematischen Situationen mit mehr Aussicht auf Erfolg reagieren können.

Bei der Vielzahl von Eindrücken, die in einer Gruppe von zwanzig und mehr Kindern auf die Erzieherin einwirken, kann sie immer nur ein Kind in einem bestimmten Ausschnitt seines Tagesablaufes beobachten und auch hier nur einen Teil seines Verhaltens. Es stellt sich die Frage, auf welche Bereiche der Persönlichkeit sollten wir bei der Beobachtung eines Kindes eingehen? Welche Verhaltensformen spielen für die spätere Beurteilung eine Rolle? Mit welcher Zielsetzung beobachten wir?

Soll der Beobachtungsprozess uns nicht überfordern, müssen wir unsere Beobachtung auf bestimmte Gesichtspunkte beschränken, wie z.b. auf das Spiel- oder Sozialverhalten eines Kindes.

Der folgende Katalog enthält Beobachtungs- und Beurteilungskriterien zu verschiedenen Verhaltensweisen von Kindern. Mit Hilfe der Stichworte und Fragestellungen erhält die Erzieherin ein umfassendes Bild von der Verhaltensstruktur eines Kindes und kann so eine fundierte Beurteilung formulieren.

Äußeres Erscheinungsbild

● Was lässt sich zum körperlichen Entwicklungstand sagen? Größe und Gewicht im durchschnittlichen Vergleich zu gleichaltrigen Kindern. Körperbau: zart, schlank, dick, gedrungen, kräftig.

- Körperlich-gesundheitliche Lage: Körperbehinderungen, Bewegungsstörungen, Seh- und/oder Hörschwäche, Haltungsfehler.
- Pflegezustand: Körperpflege und Kleidung (nähere Beschreibung)
- Konstitution
- Gang, Mimik, Gestik.

Kognitives Verhalten

- Wie ist die optische und akustische Wahrnehmungsfähigkeit? laut/leise, hoch/tief, differenziert/oberflächlich
- Sind schon räumliche Begriffsbestimmungen vorhanden? hoch/tief, vorn/hinten, über/unter
- Welche Größenbezeichnungen kennt das Kind? Groß/klein, lang/kurz u.a.
- Welche Mengenbezeichnungen sind bekannt? Viel/wenig, mehr/weniger, Zahlen von 1 bis ....?
- Wie ist das Erinnerungsvermögen? Stark/schwach.
- Welche Formen und Farben nennt das Kind? Kreis/Dreieck/Rechteck und die Grundfarben.
- Wie sind Phantasie und Kreativität des Kindes entwickelt?
- Wie denkt das Kind? Z.B. geordnet, differenziert, folgerichtig, originell, produktiv wirklichkeitsgerecht.
- Versteht das Kind Begriffe und Zusammenhänge?
- Kann das Kind reproduktiv denken, indem es Sachverhalte und Informationen aufnimmt und richtig wiedergibt? Kann es sachliche Zusammenhänge selbständig, richtig und schnell erfassen? Ist es in der Lage seine Kenntnisse in größere Zusammenhänge einzuordnen? Erkennt es Regeln, die es in vergleichbaren Situationen anwendet?

Motorisches Verhalten

- Wie ist der Gesamteindruck?
Z.B. sichere Körperbeherrschung, harmonische, eckige, fahrige Bewegungen; antriebsreich oder eher antriebsschwach.
- Zeigt das Kind körperliche Auffälligkeiten im grob- und feinmotorischen Bereich?
Grobmotorik: Tempo, Kraftaufwand, Bewegungsaufwand, Fehlreaktionen, Bewegungsunruhen.
Feinmotorik: Auge-Hand-Koordination, Handhabung von Mal-, Zeichen-, Schreib- und Werkutensilien.
- Wie sind Mimik und Gestik entwickelt?
Ausdrucksverhalten (Gestik, Gesichtsmimik: Augen, Stirn, Mund, Sprechmimik).
- Ist das Kind in seinen Bewegungen unruhig/überaktiv?
- Kann das Kind vorwärts und rückwärts gehen, sich drehen, bücken, kriechen, krabbeln, klettern, springen, hüpfen?
- Kann es das Gleichgewicht halten?

Psychisches Verhalten

- Wie äußert sich die Ich-Struktur des Kindes?
Selbstbewusst, zuversichtlich, unbefangen, empfindlich, verletzlich, selbstunsicher, mutlos, überheblich?
- Wie ist die emotionale Grundstimmung?
Fröhlich, heiter oder eher gedrückt/traurig?
- Bestehen Auffälligkeiten, wie Ängste, Unsicherheiten, Schuldgefühle, Zwänge, besondere Gehemmtheiten: Sexualität, Geltungsstreben, Kontakthemmung?
- Antrieb: starke/schwache Vitalität, antriebsschwach

Sozialverhalten

- Sind Kontaktwünsche vorhanden? Wie werden sie realisiert?
Kontakte zu Kindern: Mit welchen Kindern in der Gruppe spielt

das beobachtete Kind zusammen? Wechselt es die Gruppenzusammensetzung und die Spielpartner (häufig)? Spielt es oft allein? Hat es einen Freund oder eine Freundin? Regt es zum Spielen an oder lässt es sich selbst auffordern? Lehnt es den Kontakt zu bestimmten Kindern ab? Wird es selbst abgelehnt? Nimmt es die Hilfe der Erzieherin in Anspruch, um Kontakte zu bestimmten Kindern als Spielpartnern aufzunehmen? Bestehen stabile Kontakte? *Kontakte zu Erwachsenen:* Sucht das Kind die Nähe zur Erzieherin, z.b. durch Körperkontakt oder verbale Annäherung? Meidet es die Erzieherin? Nimmt es Kontakt zu anderen Erwachsenen auf? Wie geht es dabei vor?

- Kann sich das Kind einordnen? Ist es z.b. einordnungsbereit, kooperativ, führend, herrschsüchtig, geltungsbedürftig, eigensinnig, egozentrisch?
- Nimmt es auf andere Kinder Rücksicht?
- Ist das Kind ansprechbar, spontan, sensibel?
- Kann sich das Kind steuern/kontrollieren oder ist es unkontrolliert anderen gegenüber?
- Wie verhält sich das Kind bei Konflikten? Geht es ihnen aus dem Weg oder ist es häufig in Streitigkeiten verwickelt? Löst es oft selber Konflikte aus?
  Wie reagiert es bei Konflikten mit der Erzieherin?
- Wie bringt sich das Kind in das Gemeinschaftsleben ein?
  Ist es kontaktfördernd, teilnehmend, einsatzbereit, aktiv, zuverlässig oder lässt es sich eher treiben, nörgelt, kritisiert, greift an?
- Wie ist das Selbstbild des Kindes? Wie sieht es die anderen Kinder in seiner Gruppe?

Sprachverhalten

- Kann das Kind altersadäquat sprechen?
- Welches Sprachvokabular hat es?
  Wortschatz: umfangreich, eingeschränkt, phantasievoll
- Spricht es grammatikalisch richtige/falsche Sätze?

- Wie ist das Sprachverhalten?
Sprachgewandt/sprachgehemmt
- Sind Auffälligkeiten bzw. Sprachstörungen zu beobachten, z.b.
Stottern, Stammeln, Lispeln, Poltern?
- Ist die Sprachstruktur logisch-kausal, weniger logisch, konfus?
- Regt das Kind Gespräche an? Erzählt es selbständig von seinen
Erlebnissen?
- Wie setzt das Kind die Sprache ein, z.b. bei der Kontakt-
aufnahme, zur Gefühlsäußerung, beim Verbalisieren von Erleb-
nissen und beim Austragen von Konflikten?
- Kann es zuhören?

Spielverhalten

- Kann das Kind spielen?
Spielt es spontan, ausdauernd, häufig abbrechend (wann, wobei,
mit wem?), planlos, phantasievoll, kreativ, vorwiegend allein/mit
anderen?
- Bevorzugt es das Einzel-, Partner- oder Gruppenspiel? Bevorzugt
es bestimmte Spiele?
- Welche Spielmaterialien, Spielzeuge und Spiele bevorzugt das
Kind? Geht es mit den Materialien altersgemäß/nicht altersge-
mäß um? Ist das Kind in der Lage, mit Hilfe vorhandener Ge-
genstände bzw. vorgegebenen Materials zu gestalten?
- Wie lange beschäftigt es sich in der Regel mit bestimmten Spie-
len und Spielmaterialien?
- Wiederholt es häufig die gleichen Spiele oder variiert es diese?
- Braucht es Spielanregungen von der Erzieherin?
- Welche Rolle übernimmt das Kind im Spiel?
Führerrolle, Mitläufer oder Außenseiter?
- Wie verhält sich das Kind, wenn es verliert?
- Hilft das Kind anderen bei bestimmten Spielangeboten?
- Kann das Kind Spielregeln erfassen, anerkennen, behalten und
beachten? Erweitert es die Regeln/erfindet es neue?
- Wie ist das Kind vor und nach gelenkten Spielangeboten bzw.
vor und nach dem Freispiel?

Lernverhalten

- Kann sich das Kind ausgeprägt/weniger ausgeprägt konzentrieren?
- Werden neugierige Fragen gestellt? Ist das Denken suchend?
- Wie ist das Interesse des Kindes entwickelt? Welche Spiele und Aufgaben werden bevorzugt? Ist das Kind eher lustlos?
- Welche Lernanstrengungen unternimmt das Kind? Geht es mit Ausdauer an die Bewältigung von Aufgaben? Werden die Bemühungen auch fortgesetzt, wenn nicht gleich Lösungen in Sicht sind?
- Wie wird Neues angegangen?
- Werden andere Einsichten akzeptiert?
- Wie ist die Arbeitshaltung? Arbeitet das Kind selbständig oder benötigt es vorwiegend die Hilfe der Erzieherin?
- Werden Aufgaben sorgfältig aufgenommen und verstanden?
- Wie ist die Arbeitsweise? Kann sich das Kind intensiv oder nur kurz mit einer Sache/einem Spiel beschäftigen? Arbeitet das Kind aufmerksam, ausdauernd, zielbewusst?

Leistungsverhalten

- Bestehen hinsichtlich Leistungsvermögen, Leistungswille und Leistungsschwankungen auffallende Abweichungen vom Durchschnitt der Gruppe?
- Ist die Leistung mehr dem Fleiß oder der Begabung zuzuschreiben?
- In welche Richtung geht die Begabung? Wie drückt sie sich aus?
- Welche besonderen Interessen sind vorhanden?

Besondere Verhaltensauffälligkeiten

»Auffälliges« bzw. »abweichendes« Verhalten wird meist Kindern zugeschrieben, die sich extrem oder massiv vom Verhalten anderer Kinder unterscheiden. Oder ein Kind weicht plötzlich und sehr massiv von seinem bisher gezeigten Verhalten ab. Je ausgeprägter diese Abweichungen sind, um so eher wird von »schwierigen

Kindern«, »Problemkindern« oder auch »verhaltensgestörten Kindern« gesprochen.
Unter »auffälligem Verhalten« bei Kindern lassen sich – ohne Anspruch auf Vollständigkeit – als Symptome nennen:

- Sprachstörungen
  z.b. Stottern, Stolpern
- sprachliche Retardierung
- Kontaktscheue/Kontaktunfähigkeit
- Distanzlosigkeit zu anderen Menschen
- Spielunfähigkeit
- Kontaktaufnahme durch aggressives Verhalten
- Destruktivität/Zerstörungswut
- Aggressivität
- Konzentrationsschwäche
- motorische Unruhe
- Esszwänge, Essstörungen, Appetitlosigkeit
- mangelnde soziale Sensibilität
- Überängstlichkeit
- Bewegungsarmut
- überaktives, hyperaktives Bewegungsverhalten
- fehlende Leistungsbereitschaft
- dominierendes Führungsverhalten zu ungunsten der anderen Kinder
- mit Wutausbrüchen auf Niederlagen eingehen (Streitsucht)
- Nägelkauen
- Haaredrehen, Haareausreißen
- Einnässen
- Einkoten
- provozierende Onanie
- Schlafstörungen
- mangelnde Einordnung
- Jactationen
- übersteigerte Clownerien
- fremdaggressives Verhalten (andere schlagen)
- autoaggressives Verhalten (sich selbst schlagen und verletzen)
- Schulmüdigkeit/Schuleschwänzen (Hort- und Heimbereich)

- Erkaufen von Zuwendung
- Wegnehmen von Spielzeug
- Stehlen

Übereinstimmende Begriffsdefinitionen sind für die Verständigung zwischen verschiedenen Institutionen (z.b. Kindergarten und Erziehungsberatungsstelle oder Hort und Schule) unbedingt notwendig. Zudem erleichtern sie die Systematisierung unserer Beobachtungen. Dabei ist zu beachten, dass

- die Ursachen von Verhalten nicht mit den einzelnen Begriffen erfasst werden.
- hinter ein und demselben Begriff – je nachdem, von wem er verwendet wird – oft unterschiedliches Verständnis steht (Erwartungen und Verhalten von Erzieherin und Eltern, Lebenssituation der Kinder).
- beobachtbares Verhalten eindeutig benannt wird (z.b. »Nägelkauen« im Gegensatz zu »gestörtem Persönlichkeitsbild«).

Als Erzieherin werden Sie nach genauen Beobachtungen eines Kindes eventuell gemeinsam mit Ihren Kolleginnen über die möglichen Ursachen der Verhaltensauffälligkeit sprechen und Handlungsstrategien entwickeln: Wie soll ich mich als Erzieherin gegenüber einem Problemkind bzw. einer besonders schwierigen Kindergruppe verhalten? Es wird auch zu klären sein, ob und wie Sie neben Ihren Kolleginnen die Eltern einbeziehen. Handelt es sich um schwierige Eltern, auf die besonders sensibel einzugehen ist? Und welche Möglichkeiten fachlicher Hilfe durch andere Institutionen bieten sich Erzieherinnen und Eltern an?

Der Fragenkatalog dieses Kapitels ist, wie bereits erwähnt, keineswegs vollständig oder abgeschlossen. Seine Ergänzung durch Ihre eigenen Fragestellungen ist durchaus erwünscht. Es liegt auf der Hand, dass jedes beobachtete Kind besondere Vermutungen, Thesen und Fragestellungen aufwirft, die einer individuellen Zuwendung bedürfen.

Zusammenfassung

- Soll ein *Beobachtungsprozess* uns bei der Vielzahl von Eindrücken nicht überfordern, müssen wir unsere Beobachtung auf bestimmte Gesichtspunkte beschränken (selektive Beobachtung).

- *Beobachtungsbereiche* sind: Äußeres Erscheinungsbild, kognitives, motorisches und psychisches Verhalten, Sprach-, Spiel- und Lernverhalten.

- *Auffälliges bzw. abweichendes Verhalten* wird Kindern zugeschrieben, die sich extrem oder massiv vom Verhalten anderer Kinder unterscheiden.

Anregungen

- Beschreiben Sie einmal so genau wie möglich Ihr eigenes äußeres Erscheinungsbild (Gesicht, Körperbau, Konstitution, Gang, Mimik, Gestik ...).

- Aufgabe für jeweils zwei Personen: Setzen Sie sich im Abstand von ca. einem Meter einer Studienkollegin gegenüber. Betrachten Sie einander genau Ihre Gesichter und schreiben Sie alles auf, was Sie sehen. Lesen Sie sich anschließend Ihre Ergebnisse vor und tauschen Sie sich aus. Wurde etwas vergessen – vielleicht die Farbe der Augen, ein Leberfleck an der rechten Wange oder das Grübchen im Kinn? Haben Sie etwas bemerkt, was Ihnen zuvor an Ihrem Gegenüber nicht aufgefallen ist?

4. Beobachtung familiärer Lebenssituationen und institutioneller Bedingungen

Um die Verhaltensäußerungen von Kindern vollständig zu sehen und zu verstehen, muss sich die Erzieherin in ihrer Arbeit nicht nur auf das einzelne Kind konzentrieren, sondern sich auch mit dessen Lebenssituation auseinandersetzen. Je mehr Informationen die Erzieherin über die Familien der Kinder hat, kann sie auch Verständnis für die Lage der Eltern aufbringen. In vielen Fällen sind die Lebensverhältnisse der Eltern ganz andere als unsere eigenen, was nicht dazu führen darf, Eltern wegen ihrer Lebensführung pauschal zu verurteilen. Vielmehr sollte die Erzieherin sich bemühen, das Verhalten der Eltern ihren Kindern und ihr selbst gegenüber zu verstehen.

Der nachfolgende »Informationskatalog« kann bei der genauen Erschließung der Lebenssituation von Kindern und Familien helfen. Er erfasst – ohne Rangfolge – die wichtigsten Punkte des gesamten sozialen Umfeldes eines Kindes und seiner Familie. Mit Hilfe des Informationskataloges kann die Erzieherin ihr eigenes Wissen über ein Kind überprüfen, mit Kolleginnen Informationen über ein bestimmtes Kind austauschen und sich verständnisvoller Problemkindern unterstützend widmen.

Der Informationskatalog umfasst Stichworte und Fragestellungen in sechs Bereichen: Kind – Familie – Nachbarschaft – Kindergarten/ Hort – Schule – andere Institutionen.

Kind

Name – Geschlecht – Alter – Nationalität – Sprache – körperlicher Entwicklungsstand (körperliche Merkmale) – Gesundheitszustand (Krankheiten / Nachfolgeerscheinungen / Behinderungen) – Störungen (z.b. Ess- oder Schlafstörungen. Wann? Wie stark ausgeprägt?) – äußeres Erscheinungsbild (Körperpflege / Kleidung) – Besondere Auffälligkeiten im Verhalten des Kindes? – Einzelkind bzw. Anzahl der Geschwister – Geschwisterrolle –Halbtags- oder Ganzstagskind in der Einrichtung – Wie verhält sich das Kind gegenüber der Erzieherin? – Verhalten gegenüber den Eltern / gegenüber Fremden? – Kann das Kind Gefühle ausdrücken? Wie? – Kommt das Kind morgens ausgeruht oder vorwiegend abgespannt in die Einrichtung? – Was ist besonders »problematisch« im Verhalten des Kindes? – In welchen Situationen treten Verhaltensauffälligkeiten auf? – Sonstige Besonderheiten?

Familie

Anzahl der Familienmitglieder – Alter der Eltern – Nationalität der Eltern – Ausbildung und Beruf der Eltern – Arbeitssituation (Wer ist berufstätig? Arbeitslosigkeit? Berufliche Belastung?) – Vollständigkeit der Familie – Wer lebt alles im Haushalt? – Leibliche Eltern? – Kind ehelich? / Stief-, Pflege- oder Adoptionskinder? – Anzahl der Geschwister – Geschwister(folge) – Besondere Ereignisse in der Familie (Todesfälle, Krankheiten usw.) – Wirtschaftliche Verhältnisse (Einkommen, finanzielle Belastung) – Wohnverhältnisse (Wohnlage / Größe der Wohnung / Spielmöglichkeiten innerhalb und außerhalb des Hauses) – Tagesablauf in der Familie (täglich / Wochenende / Ferien) – Soziale Außenkontakte der Eltern (Verwandte / Freunde / Nachbarn / Vereine / Kirche / Gemeinde) – Rollenverteilung in der Familie – Stellung des Kindes in der Familie – Emotionale Atmosphäre in der Familie (Art der Beziehungen der Ehepartner/Kinder) – Umgang miteinander – Wie werden Konflikte bewältigt? – Wie ist die Grundstimmung in der Familie? – Verhalten und besondere Interessen des Kindes zu Hause? – Wie ist die

Einstellung der Eltern zum Kind (akzeptierend, ablehnend, überfordernd, überbehütend)? – Wer spielt die Hauptrolle in der Erziehung? – Wer ist die wichtigste Bezugsperson innerhalb und außerhalb der Familie? – Einstellung / Beziehung der Eltern zur Erzieherin / zur Einrichtung (Kindergarten/Hort)?

Nachbarschaft

Wohngegend – soziale Struktur – vorwiegende Altersstruktur – Kontakte zu den Nachbarn – Einstellung der Nachbarn zu den Kindern – Spielmöglichkeiten des Kindes – Freunde in der Umgebung.

Kindergarten / Hort

Träger und Größe der Einrichtung – Räumlichkeiten und Ausstattung – Umfeld (Freigelände / Spielflächen / Garten usw.) – Gruppenstärke – Gruppenzusammensetzung (Alter / Geschlecht / Integrationsgruppe? usw.) – Konzept der Einrichtung – Anzahl der Mitarbeiterinnen? – Seit wann ist das Kind in der Einrichtung? – Wie lange ist es täglich hier? – Hat das Kind besondere Fähigkeiten/Interessen/Defizite? – Einstellung des Kindes zur Einrichtung? – Wie viele verschiedene Bezugspersonen erlebt das Kind am Tag? – Wer wird von dem Kind als Bezugsperson bevorzugt? – Ist ein Geschwisterkind in der Einrichtung? – Wie ist der Tagesablauf geregelt? – Wie ist die Einstellung der Kinder zu einem auffälligen Kind? – Beziehung der Erzieherin zum Kind – Einstellung der Erzieherin zu ihrem Beruf / zur Einrichtung, in der sie arbeitet – Kontakt / Beziehung der Erzieherin zu den Eltern des Kindes – Einfluss der Erzieherin auf den Einsatz von Materialien, Spielmitteln und Büchern / Schaffung von Spielmöglichkeiten – Zusammenarbeit in der Einrichtung (Leitungsprinzip / Teamarbeit / Kollegialität) – Außenkontakte zu anderen Institutionen (Schule / Jugendamt / Kirche usw.).

Schule

Für die Horterzieherin ergeben sich zusätzlich wichtige Fragestellungen wie:

Welchen Schultyp besuchen meine Hortkinder? – Wie ist der Schulweg und der Weg von der Schule zum Hort? – Stundenpläne der Kinder – Unterrichtsformen –Klassenzusammensetzung und -stärke – Leistungsniveau – Persönlichkeit der Klassenlehrerin/des Klassenlehrers – Wie ist der Leistungsstand des einzelnen Kindes im Verhältnis zu den gleichaltrigen Mitschülern? – Welche Stellung nimmt das Kind innerhalb der Klasse ein? – Hat ein Schulwechsel stattgefunden bzw. steht einer an? – Bestehen Schulängste? – Umfang der Hausaufgaben – Wie wird die Schulaufgabenhilfe erledigt? – Hat das Kind besonders gute Beziehungen zu einzelnen Lehrern? – Beziehung des Kindes zur Horterzieherin? – Kontakte der Erzieherin zu den Lehrern und umgekehrt? – Kontakte zu den Eltern – Zusammenarbeit zwischen Schule, Hort und Eltern?

Andere Institutionen

Sind andere Institutionen in die Erziehungsarbeit einbezogen, wie z.b. die Familienhilfe, Erziehungsberatung, ambulante und stationäre Einrichtungen, der Schulpsychologe, die Schulsozialarbeit, Ämter und Behörden?

Zusammenfassung

> ● Um die Verhaltensäußerungen von Kindern vollständig zu sehen und besser zu verstehen, müssen wir uns mit ihrer Lebenssituation auseinandersetzen, d.h. nicht nur mit dem Kind selbst, sondern auch mit seiner Familie, der Nachbarschaft sowie – je nach Alter des Kindes – mit Kindergarten, Hort und Schule.

Anregungen

- Machen Sie sich bewusst, welchen Einfluss die Familie, aus der Sie selbst kommen, auf Ihre Erziehung genommen hat. Schreiben Sie auf, was Ihrer Meinung nach in Ordnung war und was Sie (in Ihrer eigenen oder noch zu bildenden Familie) auf jeden Fall anders machen wollen.
- Welche Einstellungen haben Sie aus Ihrer Erziehung ins Heute übernommen?

5. Beobachtungsformen und methodisches Vorgehen

Jedes erfahrungswissenschaftlich gewonnene Wissen basiert in irgendeiner Art und Weise auf Beobachtung. Insofern können alle über die alltäglichen Beobachtungsverfahren hinausgehenden, in diesem Kapitel beschriebenen *diagnostischen Methoden* als besondere Formen der Beobachtung gelten, also auch Befragung und Interview, Soziometrie, Gruppendiagnose, Fragebögen, Anamnese bis zur Biografiearbeit. Sie sind der Erzieherin in ihrer Arbeit zugänglich und notwendiger Bestandteil professionellen Handelns in der Sozialpädagogik.

Gelegenheitsbeobachtung

Jeden Tag machen wir zufällige Beobachtungen, ohne dass wir auf sie einen Einfluss hätten. Wir werden Zeuge eines Verkehrsunfalls, eines Streitgesprächs oder einer Rauferei. Gelegenheits- bzw. Zufallsbeobachtungen werden immer in die Arbeit der Erzieherin einfließen. Sie drängen sich auf und regen zu Fragestellungen an. Im Kindergarten geben Gelegenheitsbeobachtungen Einblicke in kindliches Verhalten, das der Erzieherin vorher so nicht bewusst geworden ist. Die Gelegenheitsbeobachtung kann den Beginn einer Auseinandersetzung mit einem Thema darstellen. Als einzige Arbeitsgrundlage ist sie jedoch unzureichend, da sie auch Anlass für falsche Auslegungen sein kann. Zudem liegt ein Nachteil im großen Zeitaufwand, der nötig ist, um zu brauchbaren Informationen und schlüssigen Deutungen des Gesamtverhaltens eines Kindes zu kommen. Deshalb wird die Erzieherin vorwiegend *systematisch*, d.h. genau durchdacht an eine Beobachtung herangehen.

Da die Beobachterin bei der Gelegenheitsbeobachtung selbst keine bewusste Auswahl trifft, wird oft recht unwesentliches registriert und wesentliches übersehen.

Beispiel:
Eltern sehen bei ihrem Kind das, was sie zum Lachen reizt, z.b. tapsige und unbeholfene Bewegungen. Fehlhaltungen, die zu korrigieren sind, werden hier übersehen.

Trotz der Unzulänglichkeit der Gelegenheitsbeobachtung sollte sich die Erzieherin diese offen halten, da unter Umständen Tatsachen aufgedeckt werden, die für eine anschliessende Therapie wichtig sind. Ein Kind wird zu unregelmäßigen Zeiten gelegentlich beobachtet *(situationsbedingte Zufälligkeiten = Gelegenheitsbeobachtung).* Diese Beobachtungen können teilnehmend oder nichtteilnehmend durchgeführt werden.

Gelegenheitsbeobachtungen sind oft auch Voraussetzung für Elterngespräche und -beratungen, Teambesprechungen und Beratungsgespräche in Erziehungsberatungsstellen.

Die Gelegenheitsbeobachtung gibt einen breiten Überblick über Ursachen und Wirkung von Verhaltensweisen und stellt die Grundlage für differenzierte Beobachtungsmethoden dar.

Fragestellungen bei der Gelegenheitsbeobachtung können sein:
- Wie verhält sich das Kind bei der Ankunft im Kindergarten? Loslösung von der Mutter/vom Vater?
- Wie verhält sich das Kind beim Freispiel, bei gezielten Beschäftigungen und angeleiteten Tätigkeiten durch die Erzieherin?
- Wie ist das Verhalten bei Gruppenspielen?
- Wie ist das Verhalten beim Essen?
- Wie verhält sich das Kind beim Abholen durch Mutter/Vater/ Geschwister?

Auch wenn das durch diese Fragestellungen gewonnene Informationsmaterial noch keinen systematischen Charakter hat, so sind Gelegenheitsbeobachtungen praktisch die Voraussetzung für systematische Beobachtungen.

Systematische Beobachtung

Im Gegensatz zur Gelegenheitsbeobachtung besteht bei der *systematischen* Beobachtung ein genau vorgegebenes Beobachtungssystem. Dieses ermöglicht einen Vergleich und eine Quantifizierung der Beobachtungen. Zudem lassen sich Beobachtungsfehler eher vermeiden als bei der unstrukturierten Gelegenheitsbeobachtung. Die systematische Beobachtung ist gekennzeichnet durch *planmäßiges Vorgehen*. Ziel und Zweck der Beobachtung werden schriftlich festgehalten. Sie erfolgt in vorher festgelegten zeitlichen Abständen mit klaren Beobachtungshinweisen und unter überschaubaren Bedingungen. In der Regel werden systematische Beobachtungen aufgrund eines aktuellen Anlasses durchgeführt. Die systematische Beobachtung ist eine *Methode der gezielten Datenerhebung*.

Bei systematischen Beobachtungen ist es unerlässlich, die Situationen und Bedingungen einzugrenzen und festzuhalten, in bzw. unter denen bestimmte Verhaltensweisen auftreten. Das gesamte Verhalten eines Kindes zu beobachten und zu erfassen ist nicht realisierbar. Die systematische Beobachtung eines Kindes im Freispiel ermöglicht der Erzieherin, die besonderen Interessen, Neigungen und Fertigkeiten des Kindes festzustellen. Ebenso ist festzustellen, ob ein Kind häufiger Einzel-, Partner- oder Gruppenspiele bevorzugt. Beobachtet die Erzieherin sehr häufig das Kind beim Einzelspiel, kann sie entsprechende Erziehungsstrategien wählen, um das Kind langfristig in die Gruppe zu integrieren.

Eine systematische Verhaltensbeobachtung überlässt nichts dem Zufall. Sie wird *gezielt* und zu einem bestimmten Zweck vorgenommen. Sie ist hinsichtlich Zeitpunkt, Ort und Art der Beobachtung im voraus *geplant*. Damit die Beobachtung für einen außenstehenden Leser wirklichkeitsgetreu nachvollziehbar ist, muss sie *überprüfbar* und das Verhalten des Beobachteten *beschreibbar (=operationalisierbar)* sein.

Die Effizienz einer systematischen Beobachtung hängt also in besonderer Weise von der Planung (Systematik) ab. Diese Planung erfolgt unter drei Gesichtspunkten:

Auswahl der Beobachtungssituation

Es gibt viele Beobachtungssituationen, die letztlich alle auf eine bestimmte Frage hinzielen. Will die Beobachterin etwa Aufschluss über die *Kontaktfähigkeit* eines Kindes erhalten, wird sie das Kind in Situationen beobachten, in denen es Gelegenheit hat, anderen Menschen zu begegnen. Wollen wir etwas über den Stand der *Körperbeherrschung* eines Säuglings erfahren, werden wir ihn nicht am Ende der Nahrungsaufnahme beobachten, wenn er sich im trägen Zustand des Gesättigtseins befindet.

Bei der Auswahl der Beobachtungssituation ist jede *Einseitigkeit zu vermeiden*. Dem Lehrer bleibt z.B. viel von der Eigenart eines Kindes verborgen, wenn er es nur als Schüler im Unterricht beobachtet und sich nicht um das kümmert, was in den Pausen und am Nachmittag geschieht.

Lenkung der Aufmerksamkeit auf bestimmte Formen des Verhaltens

Eine Beobachtung in sehr verschiedenen Beobachtungssituationen wird notwendig, wenn wir etwas über den Einfluss unterschiedlicher Umweltbedingungen auf das Verhalten eines Kindes erfahren wollen. Denn ein und dasselbe Kind kann sich bei einer Erzieherin als äußerst lenksam, lieb und vertraulich erweisen; bei einer anderen Erzieherin trotzig und widerspenstig sein. Oder ein und derselbe Schüler macht im einen Unterricht fleißig mit, in einem anderen Unterrichtsfach verhält er sich gleichgültig, passiv und versagt.

Festlegung des Zeitpunktes und Dauer der Beobachtung

Da die Grundlage einer Aussage nicht auf einer einzigen Beobachtung basiert, ist es notwendig, mehrere Beobachtungen zusammenzutragen, die einerseits zu festgelegten Zeiten (in gewissen Zeitabständen, z.B. in einer Stunde 4 x 5 Minuten = *fraktionierte Kurzzeitbeobachtung*), andererseits in einem bestimmten Zeitraum (3 bis 6 Monate = *Langzeit- bzw. Dauerbeobachtung*) stattfinden.

Fortschritte, die Kinder in der Beherrschung des Lernens machen oder die Eingliederung eines Neuen in die Gruppe können wir sowohl in Form der fraktionierten Beobachtung (= von Tag zu Tag) als auch in Form einer Langzeitbeobachtung (= von Monat zu Monat) durchführen. In Kapitel 8 finden Sie Beispiele für fraktionierte *Kurzzeitbeobachtungen.*

Durch fraktionierte Beobachtungen erhält die Erzieherin einen *Querschnitt* über das kindliche Verhalten. Deshalb empfiehlt es sich, in den unterschiedlichsten Kindergartensituationen für kürzere Zeit zu beobachten.

Systematische Beobachtungen dienen immer der *Meinungsbildung* und sollen verlässliche Informationen und Daten über Verhaltensabläufe liefern. Zudem können sie Zusammenhänge zwischen *Ursache* und *Wirkung* sowie *Entwicklungstendenzen* aufzeigen.

Erzieherinnen haben einen ausgefüllten Arbeitstag. Da der Aufwand einer systematischen Beobachtung nicht unerheblich ist, wird man sie nur durchführen, wenn auffallende Verhaltensmuster auftreten und der Anlass bedeutsam ist.

Langzeitbeobachtung – systematische Kurzzeitbeobachtung

Bei der Langzeit- oder Dauerbeobachtung wird ein Kind bzw. eine Gruppe über einen längeren Zeitraum hinweg (etwa einen ganzen Tag bis mehrere Monate) beobachtet. Wir erhalten so umfassende Einblicke in Gruppenbildungsprozesse, können z.b. Veränderungen im Sozialverhalten, bei der Konzentration und Ausdauer feststellen und Ermüdungserscheinungen während der einzelnen Tage verfolgen. Die umfassendsten Kenntnisse über ein Kind wären durch eine Langzeitbeobachtung zu erreichen. Im Schulbetrieb entspricht sie auch den Bedürfnissen der Lehrerinnen am ehesten, weil sie eine gute Grundlage für die schriftliche Fixierung von Beobachtungsergebnissen darstellt: für Verhaltensbeschreibungen, die Lernentwicklung, zur Erstellung von Gutachten, bei Erziehungsschwierigkeiten oder beim Übergang zu anderen Schulen.

Im Kindergartenbereich steht der Erzieherin aufgrund der Arbeitsbedingungen nicht die Zeit für systematische Langzeitbeobachtungen zur Verfügung. Eine versuchte Dauerbeobachtung würde auch bereits am ersten Tag eine derartige Materialfülle erbringen, mit der man einen Aktenordner füllen könnte. Es macht auch wenig Sinn, jede Handlung und Reaktion eines Kindes zu erfassen und niederzuschreiben. Die oben beschriebene *systematische Kurzzeitbeobachtung* bietet einen sinnvollen Ausgleich, indem nur kurze, etwa fünfzehnminütige Beobachtungsphasen gewählt und dafür systematisch über eine ganze Woche und länger wiederholt werden.

Teilnehmende – verdeckte Beobachtung

Wenn die Erzieherin als Beobachterin aktiv in das Gruppengeschehen integriert ist, sprechen wir von *teilnehmender Beobachtung*. Sie spielt mit und beobachtet zugleich. Von Vorteil ist, dass die Beobachterin voll in das Geschehen eingreifen und somit auch bestimmte Verhaltensweisen provozieren und steuern kann. Die Frage des Protokollierens gestaltet sich jedoch schwieriger, zumal die Beobachterin ihren Einfluss auf das Geschehen in ihrer Verhaltensbeschreibung, Deutung und Beurteilung entsprechend zu berücksichtigen hat.

Bei der *verdeckten Beobachtung*, sie wird auch als *Beobachtung aus der Distanz* oder *nichtteilnehmende Beobachtung* bezeichnet, steht die Erzieherin während ihrer Beobachtungen außerhalb des Gruppengeschehens. Sie kann sich ganz und gar auf das zu beobachtende Verhalten und dessen Protokollierung konzentrieren. Im Kindergarten wird die Erzieherin vorwiegend teilnehmende Beobachterin sein, da sie sich – wenn sie allein in der Gruppe ist – nicht aus dem Gruppengeschehen herausziehen kann. Nichtteilnehmende Beobachtungen bieten sich eher in Freispielsituationen auf dem Kindergartengelände an.

Selbstbeobachtung – Fremdbeobachtung

Bei der *Selbstbeobachtung* geht es um eine unmittelbare Wahrnehmung von Vorgängen im Menschen, die sich *nicht von außen* beobachten lassen, sondern jeder nur an sich selbst wahrnehmen kann. Mit dieser auf unseren eigenen Bewusstseinsablauf gerichteten Selbstbeobachtung haben wir so unsere Probleme, da wir zu unserem eigenen Verhalten oft nicht die nötige kritische Distanz entwickeln. Es besteht die Gefahr der *Selbsttäuschung*. Jeder hat ein mehr oder weniger klares Bild von sich selbst – von den eigenen Bedürfnissen, Gefühlen, Einstellungen und Fähigkeiten. Dieses »*Selbstbild*« hat sich im Lauf unseres Lebens vor allem aufgrund der Einschätzungen durch wichtige Bezugspersonen (Eltern, Geschwister, Erzieher, Lehrer, Kollegen, Freunde u.a.m.) und der eigenen Wertvorstellungen entwickelt. Eigentlich geben wir uns nie genau Rechenschaft darüber, wie wir uns selbst sehen. Es geschieht nur ausnahmsweise, wenn wir glauben, ein »*Idealbild*« anzustreben und es doch nicht erreichen.

Als wissenschaftliche Methode wird die Selbstbeobachtung in Frage gestellt, da die durch sie gewonnenen Daten nicht überprüfbar sind und häufig erst aufgezeichnet werden können, *nachdem* die Vorgänge, die beobachtet werden sollen, abgelaufen sind. Dennoch leistet die Selbstbeobachtung unschätzbare Dienste auf vielen Gebieten der Psychologie und der sozialpädagogischen Theorie und Praxis, insbesondere dann, wenn wir aufgefordert sind, unser eigenes pädagogisches Verhalten zu reflektieren.

Erst wenn wir durch die *Fremdbeobachtung und -kontrolle* Außenstehender auf bestimmte Formen und Wesenszüge unseres Verhaltens und unserer Einstellungen aufmerksam gemacht wurden (= »*Fremdbild*«), können bzw. werden wir in Zukunft selbst intensiver auf diese achten. Durch ständige Selbstbeobachtung werden wir versuchen, unsere Verhaltensweisen und Einstellungen zu kontrollieren, gegebenenfalls zu ändern oder zu verstärken.

Nicht selten sind Verhaltensauffälligkeiten und Reaktionen, die wir bei den Kindern feststellen, *Folgewirkungen unseres eigenen Erzieherverhaltens*. Aus diesem Grund sind wir gefordert, unsere Wirkung auf andere zu beobachten. Dafür müssen wir uns selbst und unseren Gefühlen gegenüber Kindern, Kolleginnen und Eltern bewusst werden.

Die Selbstbeobachtung gibt uns erste Informationen über das eigene Erzieherverhalten:

- Bin ich kontaktfreudig oder eher distanziert?
- Wirke ich ermutigend/anerkennend/bejahend? Setze ich genügend Verstärkungen (Bekräftigung, Lob, Anerkennung)?
- Spreche ich deutlich? Ist meine Sprechweise lebendig/humorvoll?
- Äußere ich mich höflich, zuvorkommend/freundlich oder eher barsch, abwertend, zurechtweisend?
- Neige ich zu Ironie und Sarkasmus?
- Kann ich verständlich/anschaulich vermitteln und überzeugen?
- Höre ich geduldig zu, auch wenn ein Kind sich umständlich ausdrückt?
- Ermuntere ich Kinder mit mir zu plaudern?
- Neige ich dazu, Kinder durch zu schnelle Äußerungen von mir wegzudrängen?
- Bin ich zu dominant?
- Lege ich Wert auf selbständiges Handeln der Kinder?
- Langweile ich die Kinder?
- Überblicke ich meine Gruppe?
- Bevorzuge ich bestimmte Kinder?
- Gibt es Kinder, denen ich mehr Beachtung schenken muss?
- Entwickle ich Einfühlungsvermögen?
- Verfüge ich über eine angemessene Selbsteinschätzung meiner Fähigkeiten?

Die Erzieherin sollte die Erfahrungen und Beobachtungen anderer nicht in den Wind schlagen. Die Fremdbeobachtung *ergänzt* die Selbstbeobachtung in hohem Maße und schaltet eine Reihe von Mängeln aus, da die Möglichkeit besteht, die eigenen Ergebnisse und Einstellungen mit einer oder mehreren Kolleginnen zu vergleichen. Als Berufsanfängerin lernt man dabei seine Verhaltensmöglichkeiten besser kennen, wird sich seines eigenen Sprachverhaltens und pädagogischen Vorgehens bewusster und erweitert so sein *Verhaltensrepertoire* als Erzieherin.

Selbstanalyse: Standortbestimmung

In der folgenden *Selbstanalyse* zu Ihrem Studien- und Berufsleben als angehende Erzieherin können Sie Ihre *persönliche Standortbestimmung* vornehmen. Mit Hilfe der Fragen können Sie sich selbst einschätzen. Nehmen Sie sich genügend Zeit und Muße für die Beantwortung.

Ein Ziel dieser Selbstanalyse ist, Aufschluss über die innere Zufriedenheit, Unstimmigkeiten und/oder Veränderungswünsche in ihrer Situation als angehende Erzieherin zu erhalten.

- Wie zufrieden bin ich mit der getroffenen Berufswahl, Erzieherin zu werden?
- Wieweit identifiziere ich mich mit dem, was von mir als Erzieherin verlangt wird (Fremd- und Selbstbild vom Beruf der Erzieherin)?
- Wie funktioniert die Kommunikation zwischen meinen Studienkollegen und mir?
- Wie ist mein Kontakt zu den DozentInnen? Welche bestärken mich in meiner getroffenen Berufswahl? Wer bereitet mir Probleme? Wie sehen diese Probleme aus? Durch wen oder was werden sie ausgelöst? Was geht dabei in mir vor?
- Wieweit kann ich mir meine Zeit (besser) einteilen?
- Wie viel Wertschätzung und Anerkennung bekomme ich für meine Aufgaben durch meine Dozenten?
- Welche positiven/negativen Einflüsse gehen von meinen Kolleginnen auf mich aus?
- Wie viel Anerkennung bekomme ich für meine Arbeit im Praktikum durch die Anleitung und die betreuende Lehrkraft?
- Wie viel Anerkennung erhalte ich für meine Arbeit durch die Eltern der von mir betreuten Kinder?
- Wieweit bin ich zufrieden mit meiner Selbststeuerung am Ausbildungsplatz an der Fachschule und in der Praxis?

- Wieweit habe ich das Gefühl, dass mir meine Arbeit gelingt?
- Wieweit fördert mich mein schulisches und privates Umfeld, qualitativ gute Arbeit zu leisten?
- Wieweit kann ich mich in meiner Ausbildung frei entwickeln?
- Wie viel Einfluss habe ich selbst und wie nutze ich ihn?
- Auf welchen Gebieten liegen meine größten Talente und Kompetenzen?
- Worin liegen meine größten Schwierigkeiten?
- Wie sehr fühle ich mich in der Fachschule bzw. am Arbeitsplatz während des Praktikums gegängelt oder bevormundet?
- Welches sind meine bisher größten persönlichen Erfolge?
- Welche beruflichen Ziele möchte ich noch erreichen?
- Möchte ich kurzfristig/langfristig etwas an meiner Situation ändern? Wenn ja, was?

Ist das persönliche Ergebnis dieser Selbsteinschätzung für Sie in Ordnung oder möchten Sie etwas daran ändern? Diese persönliche Standortbestimmung können nur Sie vornehmen. Wenn Sie möchten, bitten Sie später zur einen oder anderen Frage eine Person Ihres Vertrauens um Rückmeldung *(Feedback und Fremdkontrolle)*.

Beobachtungsprinzipien

Die Effizienz und Qualität einer systematischen Beobachtung, gleich ob kurz- oder langfristig angelegt, wird von den Prinzipien *Planmäßigkeit, Sachlichkeit und Zuverlässigkeit* wesentlich beeinflusst:

Planmäßige Beobachtung
Um verwertbare Ergebnisse zu erhalten und zu sichern, erfolgt Beobachtung zielgerichtet und weitgehend systematisch, also geplant. Das bedeutet:

- Beobachtungsziel festlegen und im Auge behalten,
- beobachtbare Kategorien aufstellen,
- auf bestimmte Merkmale achten,
- Einzelbeobachtung(en) gezielt über einen längeren Zeitraum,

- Gruppenbeobachtung (Spielverhalten bzw. Lernverhalten im Vergleich),
- unter Umständen feste Beobachtungstage vorsehen (»Montagssyndrom«),
- unterschiedliche Situationen für Beobachtungen nutzen.

Sachliche Beobachtung
Schwierige Kinder fallen vorwiegend durch Normabweichungen im Sozialverhalten auf. Die Erzieherin sieht etwas, bemerkt es auch ein zweites Mal. Es kommt zu einer Häufung von Auffälligkeiten, und die Erzieherin meint, damit die Beobachtung aus dem Bereich der Zufälligkeit herausgelöst zu haben. In Wirklichkeit ist das Beobachtungsfeld eingeengt, da das Kind vorwiegend in vergleichbaren Situationen *bemerkt* wird, während sein Spiel- und Lernverhalten vernachlässigt werden. Sachliche Beobachtung verhindert Einseitigkeit. Das bedeutet:

- Zunächst werden ausschließlich sachliche Tatsachen festgestellt (was wird getan, gesagt, unterlassen...) und diese Beobachtungsergebnisse von subjektiven Eindrücken, Interpretationen und Deutungen getrennt.
- Keine vorschnelle Deutung.
- Über längere Zeit Tatsachen sammeln, ohne voreilig zu folgern oder zu generalisieren.
- Verhaltensweisen nicht unreflektiert auf andere Situationen übertragen.
- Momenterscheinungen müssen nichts Dauerhaftes sein (situationsbedingtes Verhalten berücksichtigen).
- Schemata dienen der Orientierung; sie trainieren Tatsachen besser zu sehen und somit besser helfen zu können.

Zuverlässige Beobachtung
Planmäßigkeit und Sachlichkeit sind Voraussetzungen für Zuverlässigkeit. Durch direkte Kontakte, bei denen zunächst wertfrei festgestellt werden sollte, was Kinder tun, kommen zuverlässige Beobachtungsergebnisse zustande. Das bedeutet:

- Genügend Einzeltatsachen sammeln und Einzelfeststellungen treffen.
- Nicht voreilig von zufälligen Einzelheiten auf Charaktereigenschaften schließen.
- Keine vorschnellen Generalisierungen und Beurteilungen.
- »Vor-Beurteilungen« durch andere nicht unbesehen übernehmen.
- Beobachtete Verhaltensweisen nicht unreflektiert auf andere Situationen übertragen.
- Beobachtungsergebnisse überprüfen.
- Subjektivität relativieren (Beobachtung durch Dritte, z.b. Kollegin, Hinzuziehung der Eltern, eines Psychologen, Facharztes u.a.).

Soziometrie

Der Beginn soziometrischer Messverfahren ist auf den Psychiater und Psychotherapeuten *J. L. Moreno*, den Begründer des Psychodramas, zurückzuführen. In den dreißiger Jahren des vorigen Jahrhunderts entwickelte er die *Soziometrie* als Beobachtungsmethode zur *Diagnostik von Gruppenprozessen* und *-strukturen*, sowie von Beziehungen und Positionen innerhalb einer Gruppe. Seine Erkenntnisse soziometrischer Verfahren gewann Moreno aus der therapeutischen Arbeit mit Kindern und Erwachsenen. Soziometrische Untersuchungsmethoden beginnen mit Beobachtungen und der Sammlung von Angaben über eine Gruppe. Geprüft werden dabei (vor allem die emotionalen) Beziehungen teils positiver (»Mit wem möchtest du gern zusammenarbeiten?« Oder: »Wen aus dieser Gruppe würdest du am liebsten zu deinem Geburtstag einladen?«), teils negativer Art (»Neben wem möchtest du nicht gerne sitzen?«). Die Beziehungswünsche verraten, welche Gruppenmitglieder besonders beliebt und welche besonders unbeliebt sind. Dem Inhalt der soziometrischen Frage und dessen Bedeutungshintergrund kommt eine besondere Bedeutung zu. Von der soziometrischen Fragestellung hängt ab, welche Gruppenstrukturen durch das *Soziogramm* erfasst werden können. So erhält die Erzieherin mehr oder weniger brauchbare Informationen über ihre Gruppe. Die Gruppenmitglieder selbst verbleiben in Unkenntnis der sozialen Situation ihrer Gruppe. Je sensibler und differenzierter das Beobachtungsvermögen der Erzieherin trainiert ist, desto eher wird sie Verhaltensstrukturen und Interaktionen in einer Gruppe aufspüren und richtig diagnostizieren können. Dabei darf nicht vergessen werden, dass Soziogramme immer Momentaufnahmen eines Teilaspektes der Gruppenstruktur (z.B. der Sozialbeziehungen in der Gruppe, der Mitläufer, Paar- oder Cliquenbildung) darstellen.

Das Soziogramm hält Beobachtungsergebnisse graphisch fest. Aufgrund gezielter Fragen durch die Erzieherin (wie:»Mit wem aus dieser Gruppe möchtest du am liebsten zusammenspielen?«) werden z.B. in einer *soziometrischen Urliste* die Antworten (Sympathie-/Antipathiewahl) schriftlich festgehalten. Auf dieser Liste stehen links die Namen der Kinder (der Wähler), die in diesem Beispiel von 1 bis 6 durchnummeriert werden. Auch die Spalten werden mit den Zahlen 1 bis 6 versehen. Nun tragen wir die positiven bzw. negativen Wahlen in die Liste ein. Die Spaltennummer liefert die Aussage, wie oft ein Kind gewählt wurde. In der einen Spaltensumme zeigen sich die positiven, in der anderen die negativen Summenergebnisse. So lässt sich feststellen, welches Kind am beliebtesten und welches am unbeliebtesten ist. Die Positivwahl wird mit einem senkrechten (I), die Negativwahl mit einem horizontalen (–) Strich eingetragen.

Beispiel für eine *soziometrische Urliste*

	Gewählte					
Wähler	**1**	**2**	**3**	**4**	**5**	**6**
Sandra	1		I	–	I	I
Christian	2	I		I	–	I
Andrea	3	–	–		I	–
Paul	4	I	I	I	I	–
Miriam	5	–	I	–	I	I
Benjamin	6	I	–	I	I	I
Spaltensumme +	3	3	3	4	4	1
Spaltensumme –	2	2	2	1	1	1

Mit der soziometrischen Urliste ist vorsichtig umzugehen, insbesondere mit ihrer Veröffentlichung. Durch sie können Gruppenstrukturen eher verfestigt, als verflüssigt werden, was Abwehrmechanismen und Ängste in einer Gruppe auslösen kann.

Wesentlich anschaulicher ist das *Soziogramm*. Es wird zeichnerisch als ein Netzwerk von Dreiecken, Kreisen usw. dargestellt (z.B. unterschiedliche Zeichen für Jungen und Mädchen), die durch Linien oder Pfeile verbunden sind. Diese Form des Soziogramms ist nur bei kleineren Gruppen anwendbar. Bei mehr als zwanzig Personen wird es zunehmend unübersichtlich und muss durch andere Darstellungsweisen ersetzt werden.

   In unserem Beispiel finden sich die positiven wie negativen Wahlen in Form einer zeichnerischen Darstellung.

Bedeutung der Symbole:

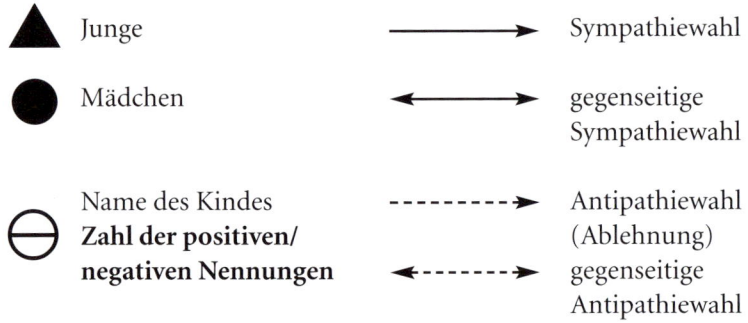

Soziogramm einer Vorschulgruppe

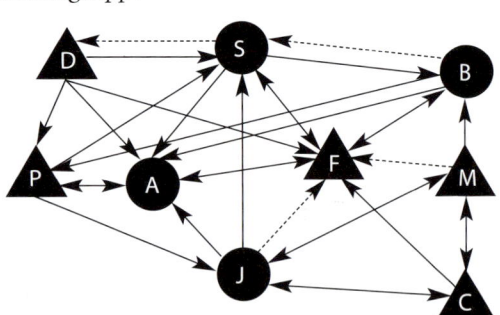

Anna (A)
Bettina (B)
Julia (J)
Sabine (S)
Christian (C)
Dennis (D)
Felix (F)
Michael (M)
Paul (P)

Welche Aussagen können Sie dem vorliegenden Soziogramm entnehmen?
Welches Mädchen ist in der Gruppe das beliebteste, welche Junge das unbeliebteste Kind?

Gruppenstrukturen unterliegen stets einem dynamischen Prozess, so dass sich nach gewissen Zeitabständen neue Strukturen herausbilden. In einem Zeitraum von etwa zwei Monaten sollte deshalb das Soziogramm wiederholt werden. Überprüfen Sie dabei einmal, inwieweit bzw. zu welchem Prozentsatz die abgegebenen Wahlen konstant bleiben.

Da die emotionalen Bindungen bei Kindern im Vorschulalter noch nicht stabil genug sind, ist das Soziogramm hier nur eingeschränkt einsetzbar. Die Zuverlässigkeit Ihres erstellten Soziogramms hängt ab vom Alter der Zielgruppe, von der Dauer der Bekanntheit zwischen den Gruppenmitgliedern und der Bedeutung des Wahlkriteriums für die Gruppe.

Befragung und Interview

Im Gegensatz zur Beobachtung sind die erfragten Erfahrungen, die Wahrnehmungen direkter. Während wir als Beobachter aus dem äußerlich sichtbaren Verhalten einer anderen Person auf deren Gefühle und Motive schließen müssen, kommt bei der Befragung die zu untersuchende Person selbst zu Wort. Die Befragung ist eine geplante, in Protokollen oder Fragebögen festgehaltene Erfassung sozialer Sachverhalte, Meinungen und Urteile. Die Erzieherin erfährt etwas über den Sinn von Handlungen, ohne dass sie diese aus Wahrgenommenem erst herausdeuten muss. Damit erhält sie direkt Aufschlüsse über soziale Vorgänge bzw. Prozesse. Wegen der Direktheit, mit der bei einer Befragung auf das zentrale Problem zugegangen werden kann, erscheint diese Methode auf den ersten Blick geeigneter als die Beobachtung. Die Fehlerquelle einer falschen Interpretation gegebener Sachverhalte durch den Beobachter wird dadurch eingeschränkt. Dafür wird sie durch eine zweite Fehlerquelle ersetzt, nämlich durch die bewusst oder unbewusst falsche

Darstellung von Sachverhalten durch die befragte Person. Antworten können auf einem falschen Verständnis der Frage beruhen oder geschwindelt sein. Befragungen lassen sich ohne großen Personen- und Zeitaufwand organisieren. Allerdings gehen bei ihnen viele Informationen, die Beobachtungen von sozialen Situationen liefern, verloren. Bei einer Befragung wird nie ein sozialer Prozess selbst wahrgenommen.

Deshalb sollten Befragungen ergänzend zur Beobachtung eingesetzt werden.

Es ist grundsätzlich sinnvoll, sich nach einer Befragung bzw. einem Interview

Notizen in Form eines kurzen *Gesprächsprotokolls* anzufertigen. Mit zunehmender Übung wird die Abfassung derartiger Protokolle leichter.

Als kleine Gliederungshilfe bieten sich folgende Fragestellungen an:

- Was war der Anlass der Befragung? Was ging voraus?
- Wie war der äußere Rahmen der Befragung/des Interviews?
- Was waren die wichtigsten Teile/Erkenntnisse ?
- Welchen Gesamteindruck habe ich gewonnen? Welche Fragen sind für mich noch offen? Welche Handlungsimpulse wurden in mir lebendig?
- Wie kann es weitergehen? Welche Ziele und Handlungsstrategien bieten sich an? Auf was muss in Zukunft besonders geachtet werden?

Im wesentlichen unterscheiden wir zwei Befragungsformen: Die *mündliche* und die *schriftliche* Befragung. Bei der mündlichen Befragung (Interview) werden die Antworten vom Befrager vermerkt oder auf dem Kassettenrecorder festgehalten.

Nach dem Grad der Standardisierung (Festlegung) eines Interviews unterscheiden wir:

- *Das ungelenkte Interview:* Es hat einen reinen Gesprächscharakter und dient der Sammlung von Informationen zur besseren Kenntnis eines Problems. Die befragende Erzieherin hat sich vorher Gedanken und eventuell Notizen gemacht, was sie erfahren möchte. Inhalt, Form und Zeitpunkt der Fragen ergeben sich aus dem Gesprächsverlauf.

- *Das Intensivinterview:* Der Gesprächsverlauf ist hier durch einen Leitfaden vorprogrammiert, der Inhalt der Fragen festlegt.

- Die *standardisierte Befragung:* Sie setzt einen Fragebogen voraus. Die Fragen werden in genau festgelegter Reihenfolge vorgelesen, was den individuellen Spielraum des Interviews so weit wie möglich einschränkt. Interpretationsmöglichkeiten und Einfluss des Interviewers auf den Befragten sollen ausgeschaltet und damit die Zuverlässigkeit der Ergebnisse erhöht werden. Dies ist beim ungelenkten und beim Intensivinterview weniger gut gewährleistet, dafür ist die Atmosphäre, in der die Befragung stattfindet, möglicherweise entspannter.

Bei der *schriftlichen Befragung* füllt der Befragte den *standardisierten Fragebogen* aus. Die Gestaltung eines Fragebogens kann sehr unterschiedlich sein. Die Fragen können in *offener* oder *geschlossener* Form gestellt werden. Bei der offenen Form wird die Art und Ausführlichkeit der Beantwortung dem Befragten überlassen. Bei der geschlossenen Form sind in der Regel zwei oder mehrere Antworten vorgegeben, die anzukreuzen sind.

Die im Kindergarten tätige Erzieherin wird sich in ihrer Arbeit vorrangig mit der mündlichen Befragung, dem ungelenkten oder Intensivinterview, zu beschäftigen haben.

Gruppendiagnose

Die Erzieherin ist vorrangig als Gruppenpädagogin tätig. Beim Planen von Lernprozessen in einer Kindergruppe muss sie davon ausgehen, dass sie es mit einem differenzierten sozialen Gebilde zu tun hat. Die Kinder kommen aus verschiedenen Familien und bringen unterschiedliche »Wertsysteme« mit, d.h., jeder hat seine Erfahrungen auf emotionalem und sozialem Gebiet gemacht und ist in seinen körperlichen, kognitiven und kreativen Fähigkeiten und Fertigkeiten unterschiedlich entwickelt. Jeder Lernprozess hat somit eine Ausgangslage, die vom Lernenden in den Lernprozess eingebracht wird. Um an die bisherigen Erfahrungen der Kinder anknüpfen zu können, benötigt die Erzieherin Informationen über den einzelnen und die Gruppe, wie sie bereits ausführlich in Kapitel 3 behandelt wurden.

Die *Gruppendiagnose* ist eine unentbehrliche Voraussetzung, Ziele und Inhalte richtig zu wählen und situativ und methodisch erfolgversprechend zu handeln. Sie ist für die Erzieherin wie für die Gruppenmitglieder bedeutsam, insbesondere für ältere Teilnehmer (größere Kinder, Jugendliche und Erwachsene), denen sie durch klare Fragestellungen *Interaktionen* aufzeigt und *Gruppensituationen* durchschaubar macht. Das Interesse an der Gruppe wächst, je mehr sie für das einzelne Mitglied durchschaubar wird.

Grundlage für eine Gruppendiagnose ist die *Beobachtung unter klarer Fragestellung*:

- Wie und durch wen kam die Gruppe zustande und was zeichnet sie aus?
- Wie setzt sich die Gruppe zusammen?
- Welche Ziele (Nah- und Fernziele) haben die Gruppenmitglieder und die Gruppenleitung?
- Welche Aufgaben hat die Gruppe? Wer setzt sie und führt sie aus?
- In welcher Phase befindet sich die Gruppe zur Zeit (Orientierungs-, Klärungs-, Vertrautheits-, Differenzierungs- oder Auflösungsphase)?
- Wie kommt es in der Gruppe zur Normenbildung? Welche Normen wurden/werden entwickelt und welche fördern den Gruppenprozess?
- Welche Gefühle (z.B. »Wir-Gefühl«) sind in der Gruppe auffallend?
- Welche Aktivitäten lassen sich in der Gruppe beobachten?
- Wodurch werden Gruppenentscheidungen beeinflusst (z.B. durch Alter, Geschlecht, Bildung der Gruppenmitglieder)?

- Wie werden Entscheidungen in der Gruppe gefällt?
- Werden Entscheidungen verdrängt? Wenn ja, welche?
- Welche Rollenveränderungen lassen sich beobachten?
- Welche Konflikte bestehen in der Gruppe? Wie wird mit ihnen umgegangen? Wodurch entstehen sie? Wer ist betroffen? Wie werden die Konflikte gelöst?
- Finden Interventionen (=gezieltes Einwirken auf das Gruppengeschehen) durch die Gruppenleitung statt?
- Wird durch Gruppenmitglieder interveniert? Durch wen – wie – womit und wodurch?

Wenn man auch nicht alle Fragestellungen zur Gruppendiagnose stets präsent haben wird – schließlich lassen sie sich noch ergänzen und verändern – so wird uns klar, wie wichtig gruppendiagnostische Überlegungen für zielgerichtetes und situatives Handeln sind.

Für die Einschätzung von Gruppen können *Checklisten* sehr hilfreich sein. Wollen wir z.B. klären, ob wir es mit einer *echten Kleingruppe* zu tun haben, ergeben sich folgende Fragestellungen:

- Besteht die Gruppe bereits eine Weile?
- Gab es in letzter Zeit keinen größeren Wechsel der Gruppenmitglieder?
- Kennen sich alle persönlich?
- Sind sie gefühlsmäßig eng miteinander verbunden?
- Verfügen sie über ein Mindestmaß an gemeinsamen Normen, Zielen und Vorstellungen?
- Fühlen sich die Mitglieder zusammengehörig?

Bestehen beim einen oder anderen Punkt Zweifel, könnte es sein, dass sich die Mitglieder in einem Gruppenbildungs- oder Gruppenzerfallsprozess befinden, bei dessen (Wieder)aufbau zuerst Hilfe geleistet werden müsste, bevor sich an weitere Vorhaben bzw. Arbeit denken ließe. Dazu müssten wir die Kommunikationsstruktur in der Gruppe einschätzen und mögliche Kommunikationsstörungen aufdecken. Hier liefert uns die *Soziometrie* nützliche Informationen.

Anamnese

Die eigene Lebensgeschichte gibt Aufschlüsse über Daten, Erziehungseinwirkungen, familiäre Bedingungen, Besonderheiten der persönlichen Entwicklung und Reifung, frühere und gegenwärtige Erkrankungen. Diese Faktoren drücken sich im Verhalten eines Menschen aus. Durch das Erstellen einer Frageliste (»*kleine*« bzw. »*große*« *Anamnese*) können sich Psychologen, Sozialpädagogen und Erzieher darauf vorbereiten, was im Einzelfall zu erkunden wäre.

Haben Sie sich schon einmal intensiver bewusst gemacht, wie Ihr eigenes Verhalten von der eigenen Erziehung, Familie, Schule und von möglichen Vorbildern mitbestimmt wurde?

Der Begriff *Anamnese* stammt aus dem Griechischen und bedeutet soviel wie »Wiedererinnerung« oder »Rückbesinnung«. Wenn wir eine Anamnese erstellen, beschäftigen wir uns mit der körperlichen und seelischen Vorgeschichte eines Menschen. Die gewonnenen Informationen dienen als Hilfsmittel zur Ableitung und Unterstützung einer Diagnose.

Beim Erstellen einer Anamnese wird man sich fragen müssen: *Was will ich wissen und warum muss ich es wissen?*

Die Erzieherin wird relativ selten in die Situation kommen, eine große Anamnese zu erstellen. Diese Aufgabe wird in der Regel von Psychologen und Sozialarbeitern wahrgenommen. Wenn es jedoch z.b. um die Unterbringung in einer speziellen Heimform oder einen Sonderkindergarten geht, wenn ein Kind einer gezielten Therapie überstellt wird, dann ist auch die betreuende Erzieherin gefragt, eine (kleine) Anamnese zu erstellen.

Ein *Anamneseschema* hilft bei der Erhebung der Daten und Informationen.

Die Anfertigung einer Anamnese ist mit viel Zeitaufwand verbunden. Um diesen nicht noch weiter zu erhöhen, darf man nicht kritiklos alle Auskünfte sammeln. Die Anamnese würde so anschwellen, dass sie völlig unüberschaubar und somit zum unbrauchbaren Werkzeug wird.

Die Daten von Anamnese und Beobachtung stehen in einer Wechselbeziehung. Besonders deutlich wird diese Tatsache, wenn die Erzieherin über die Beobachtung jeweilige Ursachen herausfinden möchte und wo die Wirkung zu suchen ist. Auch durch die Anamnese versucht man Ursachen auf den Grund zu gehen: Welche Ereignisse und Situationen wirken verhaltensverstärkend? Wie stark ist der familiäre Einfluss auf das alltägliche Verhalten eines Kindes? Um diese und andere Fragen mehr geht es bei der Anamnese.

Einen schnellen Überblick über den bisherigen Entwicklungsverlauf eines Kindes oder Jugendlichen bekommen wir bereits durch die kleine Anamnese.
Hier ein Beispiel für ein Befragungsschema:

Säuglings- und Kleinkindzeit
- Wunschkind?
- Wie viel Monatskind?
- Geburtsverlauf?
- Wurde das Kind von der Mutter gestillt?
- Wie war die motorische Entwicklung?
- Wann hat das Kind laufen gelernt?
- Wann sprechen gelernt?
- Entwicklung der Sinne/Sinnesdefekte?
- Wie verlief die Reinlichkeitsgewöhnung?
- Wann war das Kind sauber?
- Selbständigkeit?
- Verlauf der Autonomiephase (»Erstes Trotzalter« um das 2./3. Lebensjahr)
- Einzel- oder Geschwisterkind?
- Kindergartenkind?
- Verhalten im Kindergarten?
- Verhältnis zu den Spielkameraden? Mit wem spielte es besonders gern?
- Lieblingsspiele/Lieblingsbeschäftigungen?

Schulalter
- Wie verliefen Einschulung und erstes Schuljahr?
- Welche Schuleignung wurde ausgesprochen?
- Auffälligkeiten während der Schulzeit, z.B. Schulschwänzen, Schulphobie?

- Fand ein Schulwechsel statt?
- Neue Identifizierungen

Familie und äußere Umstände
- Geschwisterreihe? Verhältnis zu den Geschwistern?
- Erziehen beide Eltern oder ein Elternteil alleinerziehend?
- Wer ist in der Erziehung bestimmend (Vater oder Mutter)?
- Wie ist das Verhältnis der Erziehenden zueinander?
- Wie ist das Zusammenspiel zwischen Kindern und Eltern?
- Welches Klima herrscht in der Familie?
- Wem gleicht das Kind äußerlich / charakterlich?
- Zusammenspiel mit anderen Familienmitgliedern? Gibt es in der Verwandtschaft auffällige bzw. schwierige Menschen?
- Wohn- und Lebensverhältnisse? Hat das Kind ein eigenes Zimmer?
- Muss das Kind zu Hause mitarbeiten? In welchem Umfang?
- Hatte das Kind besonders schwere Erlebnisse zu ertragen?

Gesundheitszustand und psycho-soziale Situation
- Bestehen Behinderungen, besondere Krankheiten, Allergien, psychische Störungen? Wie ist der Aktuelle Gesundheitszustand?
- Welche Verhaltensschwierigkeiten hat das Kind?
- Mögliche Ursachen dieser Schwierigkeiten?
- Was wurde zur Behebung dieser Schwierigkeiten getan? Was ist zu tun?

Verschiedene Autoren schlagen folgende *Ordnungsgesichtspunkte* für Anamnesen vor:

- *Chronologische Einteilung:* Der Lebenslauf wird von der Geburt bis zum Zeitpunkt der Anamnese dargestellt.

- *Thematische Gliederung:* Unterteilung nach sozialer Entwicklung, Spielverhalten, Interessen, Neigungen, Ängsten.

- *Situationsdifferenzierung:* Darstellung der Familiensituation, Persönlichkeitsentwicklung und der aktuellen Situation.

- *Genetisch-dynamische Antriebsstrukturen:* Beschreibung des Besitz-, Geltungs-, Zärtlichkeits- und Aggressionsstrebens.

Im Hinblick auf die jeweils konkrete Aufgabenstellung wird die Erzieherin sinnvoller Weise individuelle Schemata entwickeln.

Bei Kindern führt man in der Regel eine *Fremdanamnese* durch. Dazu wird eine dritte Person, meist die Mutter oder der Vater bzw. die Erzieherin Auskunft über die Biografie des Kindes geben. Eine erhobene systematische Anamnese wird grundsätzlich protokolliert. Dies kann von der Erzieherin während eines Erhebungsgesprächs oder danach unter Zuhilfenahme des Anamneseschemas aus der unmittelbaren Erinnerung heraus geschehen. Im Gespräch mit Eltern muss die Erzieherin sehr sensibel vorgehen. Nicht alle reden frei, wenn sie sehen, dass ihre Aussagen sofort protokolliert werden. Sie sind in der Regel auch nicht imstande, sich an ein System zu halten, also streng chronologisch über ihr Kind zu berichten, wenn sie emotional von ihren aktuellen Problemen ergriffen sind.

Sicher kann ein »kleines Anamnese-Schema« nicht alle Aspekte umfassen. Dennoch ergeben die mit seiner Hilfe erhobenen Daten eine Reihe wichtiger Informationen über die Persönlichkeitsentwicklung eines Menschen. Die Erzieherin muss sich im Klaren darüber sein, das es sich bei Schemata um Arbeitshypothesen handelt, die bei ihrer Anwendung von Fall zu Fall modifiziert werden müssen.

Biografiearbeit als bewusste Selbstwahrnehmung

Vom Begriff her wird *Biografie als Lebensbeschreibung* verstanden, was eigentlich nicht korrekt ist, zumal Biografien immer nur Fragmente unseres Lebens sein können. Ansonsten müssten wir in der Lage sein, unser Leben minutiös von der Geburt an in all seinen Perspektiven absolut wirklichkeitsgetreu wiedergeben zu können. Das ist bisher noch niemandem gelungen. Die *Biografiearbeit* kann uns helfen, unseren Körper, Geist und unsere Seele in den persönlichen, gesellschaftlichen und tiefenpsychologischen Dimensionen wahrzunehmen. Die persönliche bzw. individuelle Dimension bezieht sich auf die eigene Lebensgeschichte mit all´ ihren »harten« Daten. Die gesellschaftliche Dimension bettet den Menschen in sein Umfeld ein, verdeutlicht Lebenschancen und gesellschaftliche Ereignisse, die seine Biografie bestimmt haben. Damit verbunden ist die tiefenpsychologische Dimension. Seelische Beschädigungen wie ihre Heilungen finden auf dem Hintergrund der »harten« Lebensfakten der eigenen Person und der Gesellschaft statt (z.B. das subjektive Gefühl, trotz guter Leistungen nie Chancengleichheit oder Anerkennung erfahren zu haben).

Strukturierte Biografiearbeit, die zu Beginn der Erzieherausbildung eine wichtige Rolle spielt, bedeutet *Erinnerungsarbeit* (an die Familie, Erziehung und Sozialisation), *Begegnungsarbeit* (im besseren Verstehen derer, mit denen man umgeht) und *Reflexionsarbeit* (bezogen auf die Bewertung von Verhaltensweisen und Einstellungen anderer).

Die Fragestellungen zur persönlichen Biografie einer angehenden Erzieherin ähneln denen in der *Anamnese* aufgelisteten Merkmalen und Fragen. Ergänzend dazu ergeben sich folgende biografische Themenfelder und Fragen:

Vorfahren: Wer sind meine Vorfahren? Woher kommen sie? Wie erklärt sich meine Name? Welche Einstellung habe ich zu meinem Namen?

Meine Ursprungsfamilie: Wo war mein Geburtsort? Wer waren/sind meine Eltern? Welche familiären Ereignisse haben mich besonders geprägt? Wie war die finanzielle Situation in der Familie? Welcher Lebensstil war möglich?

Meine eigene Partnerschaft:
bzw. eigene Familie: Welche Erfahrungen habe ich in Begegnungen gesammelt? Wie wurde/wird Partnerschaft gelebt? Wurde eine Familie gegründet? Welche Bedeutung hat sie für mich? Welchen Stellenwert haben bzw. hatten Kinder in der Familie? Worin unterscheidet sich die eigene von der Ursprungsfamilie?

Wohnen: Wo und wie habe ich im Laufe meines Lebens gewohnt? Wie sah bzw. sieht mein soziales Wohn- und Lebensumfeld aus? Welche Wohnerlebnisse waren besonders prägend?

Schule und Arbeit: Welche Erfahrungen wurden mit Schule, Lehrern und Ausbildung(en) gemacht? Was hat mich bewogen, Erzieherin zu werden? Bin ich zufrieden mit dem Inhalt meiner Arbeit als Erzieherin? Wieweit kann ich mich mit meinen Aufgaben identifizieren? Welche Vorstellungen hatten meine Eltern von meinem Schul- und Berufsweg? Ist mir ein idealisierter Berufswunsch versagt geblieben? Auf welchen Gebieten liegen meine größte Talente und Schwierigkeiten? Was muss ich kurz – und langfristig an mir/an meiner Arbeitssituation ändern? Was macht für mich das Zentrum meiner (Erzieher)Persönlichkeit aus?

Gesellschaftliches Umfeld: Wie aktiv nehme ich am gesellschaftlichen Leben teil (Engagement in Vereinen, Kirche, Partei oder Gewerkschaft)? Inwieweit besteht Interesse am öffentlichen Leben?

Sinn, Wünsche, Visionen: Welche Bedeutung haben Religion und Gott für mich? Was macht für mich »den Sinn des Lebens aus«? Welche Vorstellungen habe ich von meiner nahen und fernen Zukunft? Was macht für mich »erfülltes Leben« aus?

Die aufgeführten biografischen Themenfelder und Fragestellungen beeinflussen als Fragmente unserer eigenen bisherigen Lebensgeschichte unser Denken, Fühlen und Handeln im Umgang mit anderen Menschen.

Zusammenfassung

- Als *diagnostische Methoden* stehen der Erzieherin zur Verfügung: Beobachtung, Befragung und Interview, Soziometrie, Gruppendiagnose, Anamnese und Biografiearbeit.

- »Klassische« *Beobachtungsformen* sind: Gelegenheitsbeobachtung, Systematische Beobachtung, Kurz- und Langzeitbeobachtung, teilnehmende und verdeckte Beobachtung, Selbst- und Fremdbeobachtung.

- Die *Effektivität einer systematischen Beobachtung* hängt von der Auswahl der Beobachtungssituation, der Lenkung der Aufmerksamkeit auf bestimmte Formen des Verhaltens, von der Festlegung des Zeitpunktes und der Dauer der Beobachtung ab.

- Die *Selbstbeobachtung* kann jeder nur an sich selbst vornehmen. Trotz der Gefahr der Selbsttäuschung trägt sie dazu bei, das eigene Verhalten intensiv zu reflektieren.

- *Beobachtungsprinzipien* wollen die Effizienz und Qualität einer systematischen Beobachtung steigern. Drei wesentliche Grundsätze sind: Planmäßigkeit, Sachlichkeit und Zuverlässigkeit.

- *Soziometrie* ist eine Beobachtungsmethode zur Diagnostik von Gruppenprozessen und -strukturen. Das *Soziogramm* hält die Beobachtungsergebnisse graphisch fest.

- Die *Befragung* ist eine geplante, in Protokollen oder Fragebogen festgehaltene Erfassung sozialer Sachverhalte. Es wird zwischen Interview (= mündliche Befragung) und Befragung (= schriftlich) unterschieden.

- Bei der *Gruppendiagnose* werden durch klare Fragestellungen Interaktionen aufgezeigt und die Gruppensituation durchschaubar gemacht.

- Die *Anamnese* (»Wiedererinnerung«) beschäftigt sich mit der körperlichen und seelischen Vorgeschichte eines Menschen. Ein Anamneseschema (Befragungsschema) hilft bei der Erhebung der Daten und Informationen.

● *Biografiearbeit* kann helfen, den eigenen Körper, Geist und die eigene Seele in den persönlichen, gesellschaftlichen und tiefenpsychologischen Dimensionen wahrzunehmen.

Anregungen

● Nehmen Sie sich Zeit für eine ganz persönliche Einschätzung Ihrer augenblicklichen Situation. Sie können sich dabei der Fragen aus der »Selbstanalyse« bedienen oder selbst einen Fragenkatalog erstellen, indem Sie sich z.B. Ihre guten und schlechten Angewohnheiten bewusst machen und überlegen, was Sie konkret daran ändern wollen.

● Entwickeln Sie einen Fragebogen als Grundlage für ein Interview, z.B.: »PISA« – Was können Erzieherinnen im Kindergarten (und Eltern zu Hause) konkret tun, um die Bildungssituation ihrer Kinder im Vorschulbereich zu verbessern?

● In Absprache mit Ihren Dozenten und Anleitern werden Sie genügend Möglichkeiten zum Beobachten in der Praxis haben. Nehmen Sie sich nicht zu viel auf einmal vor. Lassen Sie sich zur Übung bei Ihren systematischen Kurzzeitbeobachtungen zunächst auf Teilbereiche kindlichen Verhaltens ein. Beobachten Sie z.B. die Kontaktfähigkeit eines Kindes im Freispiel oder sein feinmotorisches Geschick im Umgang mit Schneide- und Malutensilien.

● Fertigen Sie im Rahmen einer Gruppendiskussion ein Soziogramm von Ihrer Fachschulklasse oder Teilgruppe an. Besprechen Sie anschließend ausführlich das Ergebnis mit allen Beteiligten.

● Fertigen Sie von Ihrer Klasse oder Teilgruppe eine Gruppendiagnose an. Sie werden ein interessantes »Stimmungsbild« erhalten.

● Welche »Ordnungsgesichtspunkte« für Anamnesen sind Ihnen bekannt?

● Welche Vorteile bringt Ihnen als angehender Erzieherin die intensive Beschäftigung mit der eigenen Biografie?

6. Materialien und Medien zum Dokumentieren von Beobachtungen

Um Beobachtungen festzuhalten, bieten sich der Erzieherin verschiedene Möglichkeiten an: Protokolle, Beobachtungsbögen, optisch-akustische Aufzeichnungen (Video) und akustische Aufzeichnungen (Kassettenrecorder).

Verhaltensprotokolle

Damit die Erzieherin ihre verschiedenen Beobachtungen aus unterschiedlichen Situationen miteinander vergleichen kann, um das typische einer Situation oder des Verhaltens eines Kindes festzustellen, muss sie ihre geplante und systematische Beobachtung festhalten und protokollieren. Die Aufzeichnung von Beobachtungen ist zeitaufwendig und mühevoll. Deshalb müssen wir nach gut durchführbaren und aussagekräftigen Formen der Protokollführung suchen.

Wer einmal versucht hat, ein oder mehrere Kinder im Gruppengeschehen zu beobachten, weiß, dass eine fortdauernde Beobachtung und Protokollierung des Gesamtgeschehens in der Gruppe unmöglich ist. Die Erzieherin wird sich jeweils auf bestimmte Zeiten, Situationen und Kinder beschränken. Beobachtungsschemata (Aufzeichnungsblätter, Beobachtungs- und Fragebögen) können hierbei hilfreich sein. Sie klären, *was, wer, wann* und *wo* beobachtet und notiert werden soll. Schematisierte Aufzeichnungen geben Hinweise, ersparen aber keine gedankliche Arbeit.

Für die angehende Erzieherin sind schriftliche Aufzeichnungen über bestimmte Verhaltensweisen von Kindern zunächst etwas völlig Neues. Werden Sie deshalb nicht gleich mutlos, wenn Ihnen

das Mitschreiben und Mitzählen anfangs mühsam, schwierig und
aufwendig erscheint. Schon bald werden Sie erkennen, dass sich
dieses Hilfsmittel für Ihre Arbeit als sehr nützlich erweist.

Ein Aufschreiben der Beobachtungen in Form eines anekdotischen Protokolls lässt sich nur umsetzen, wenn die Erzieherin
selbst die Möglichkeit hat, als außenstehende Beobachterin das
Geschehen zu verfolgen, oder wenn sich eine zusätzliche Hilfe in der
Gruppe befindet. Selbst wenn zunächst nur Stichwörter aufgeschrieben werden, um dann aus den Notizen ein Protokoll anzufertigen,
ist es schwierig, das Gesamtgeschehen mit Hilfe des Verlaufspro-
tokolls aufzuzeichnen. Diese Form der Protokollführung überfor-
dert die Erzieherin. Leichter und effizienter ist es, lediglich ein bis
zwei Kinder auf diese Weise zu beobachten, und zwar über einen
längeren Zeitraum. Solche *Längsschnittprotokolle* über einzelne Kinder sind wesentlich informationshaltiger als die weniger aus-
sagekräftige Erfassung einer größeren Anzahl von Kindern.

Bei der anekdotischen Beobachtung wird nur das wirklich beobachtbare knapp und vor allem wertfrei beschrieben. Wir müssen
genau auf die Unterscheidung zwischen reiner Beobachtungsbeschreibung und Interpretation bzw. Deutung achten.

Ein Negativ-Beispiel:
Christian kommt aggressiv in die Gruppe und wirft wild mit Spielzeug um sich. Dann stört er Sarah beim Spielen und schikaniert
Julia beim Puzzle legen. Er verhält sich zu den Kindern seiner Gruppe gemein.

Hier wurden Verhaltensbeschreibung und Interpretation miteinander vermengt. In der täglichen Berufspraxis ist die Abgrenzung zwischen Beobachtung und Interpretation mit all ihren Problemen oft
schwierig. Die Erzieherin muss versuchen, sich der Bedingungen
von Deutungen, Wertungen und Annahmen bewusst zu werden. Sie
sollte grundsätzlich nur in Betracht ziehen, was sie wirklich beobachten und belegen kann. Abwesendes in ein Protokoll einfließen zu
lassen, ist irreführend.

Die Interpretation des Verhaltens, die natürlich nicht fehlen darf,
muss im Protokoll deutlich gekennzeichnet sein. Sie ist eine Verhal-

tensbewertung bzw. -beurteilung einzelner Beobachtungsabschnitte, die am Ende des Verhaltensprotokolls als »Beurteilung« zusammengefasst wird.

Bei einer umfassenden Verhaltensbeurteilung bleibt nichts dem Zufall überlassen. Es werden alle erreichbaren Daten und Informationen gesammelt und übersichtlich geordnet:

- Aus dem Protokoll ist an jeder Stelle ersichtlich, ob von Beobachtung (= Beschreibung *ohne* Wertung), Deutung oder Beurteilung die Rede ist.
- Durch die richtige Wortwahl – einen entsprechend großen Begriffs- bzw. Wortschatz – werden sprachliche Missverständnisse vermieden (siehe Kapitel 11).
- Die Verhaltensbeurteilung macht klare und konkrete Aussagen. So wird sie kontrollierbar.
- Durch sorgfältig erstellte Protokolle ist nicht nur ein ständiger Rückgriff auf die Beurteilung möglich, sondern auch ein Vergleich mit den Beurteilungen über andere Kinder in der Gruppe.
- Verhaltensbeurteilung ist keine »Geheimwissenschaft«. Dennoch ist grundsätzlich Vertraulichkeit zu wahren. Protokolle sind entsprechend für Dritte unzugänglich aufzubewahren.
- Der Vergleich wiederholter protokollierter Beobachtungen eröffnet der Erzieherin einen Blick auf genutzte Entwicklungsmöglichkeiten, zeigt Verhaltensänderungen auf und lässt Wandlungen erkennen.

Protokollierte Aufzeichnungen über ein Kind sagen in der Regel der Person, die das Kind kennt, bedeutend mehr als einem Außenstehenden. Erst lange Beobachtungszeiträume erlauben dem Außenstehenden anhand der Aufzeichnungen nachzuvollziehen, was ein Kind typisch beschreibt und was nicht. Die Erzieherin ist deshalb immer wieder aufgefordert, ihre Verhaltensbeschreibungen so klar wie möglich vorzunehmen.

Bei den folgenden Beispielen handelt es sich um *klare* und *unklare* Definitionen dessen, was Kinder tun:

Klar	Unklar
Michael hat heute Vormittag 40 Minuten lang mit Susanne mit Legosteinen gespielt.	Michael war heute Vormittag sehr brav.
Wenn ihm eine Geschichte vorgelesen wird, bleibt Andreas nie länger als eine Minute sitzen.	Andreas ist ein sehr unruhiges Kind.
Oliver hat heute früh beim Freispiel in der Bauecke auf drei verschiedene Kinder mit den Fäusten eingeschlagen.	Oliver war heute sehr aggressiv.

Unklare Verhaltensbeschreibungen führen zu Problemen
- bei der Kommunikation mit anderen über die Schwierigkeiten eines Kindes,
- bei der Beurteilung der Frage, ob womöglich eine ernstere Verhaltensstörung vorliegt und somit auch
- beim Versuch, das unerwünschte Verhalten zu ändern.

Die dabei entstehenden Schwierigkeiten hängen natürlich miteinander zusammen. Um sie überwinden zu können, wird sich die Erzieherin zunächst darauf beschränken, bei der Verhaltensbeschreibung nur beobachtbare Ereignisse wiederzugeben, also schlicht zu beschreiben, was das Kind in einer bestimmten Situation getan hat. Wenn Sie das Verhalten eines Kindes genau beobachtet und klar beschrieben haben, sollten Sie diese drei Fragen mit »ja« beantworten können:

- Ist die von Ihnen vorgenommene Verhaltensbeschreibung genau genug, dass zwei beliebige Leser oder Hörer (vielleicht Ihre Kolleginnen) sich darüber einig sind, was das betreffende Kind wirklich gemacht hat?

- Geht aus der Verhaltensbeschreibung eindeutig hervor, wann und in welcher Form die betreffenden Verhaltensweisen begannen und endeten?

- Ist die Verhaltensbeschreibung klar genug, um auch dann noch zuzutreffen, wenn einige Zeit vergangen ist und der Ort der Handlung sich verändert hat?

Verhaltensbeschreibungen sind immer auch »Bestandsaufnahmen«. Zunächst werden Verhaltensweisen registriert und kommentiert, wobei meist mehrere protokollierte Einzelbeobachtungen erforderlich werden, um sich dann fundierte Gedanken über verhaltensändernde Maßnahmen machen zu können.

Protokollformen

Aus der Fülle unterschiedlicher Protokoll-Schemata haben sich einige als besonders zweckmäßig erwiesen.

Ein Einzelprotokoll (im DIN-A-4-Format) sollte im »Kopf« folgende Angaben enthalten:

Protokoll

Angaben über das beobachtete Kind:
Name:
Geburtsdatum:
Alter zum Zeitpunkt der Beobachtung:

Angaben zur Beobachtung
Situation (in der beobachtet wurde):
Datum des Beobachtungstages:
Dauer der Beobachtung (z.B. 09.25 - 09.50 Uhr):
Ort der Beobachtung:

Für die Beschreibung und Interpretation/Deutung des beobachteten Verhaltens empfiehlt sich eine Aufteilung des Papiers in drei Rubriken:

Uhrzeit	Verhaltensbeschreibung	Deutung/Interpretation

Am Ende des Protokolls steht die »Beurteilung«, die sich aus den einzelnen Deutungen des Beobachtungsverlaufes ergeben.

Beispiel für ein ausführliches Protokoll:

Protokoll

Angaben über das beobachtete Kind
Name: Stefan
Geburtsdatum: 20.08.1996
Alter zum Zeitpunkt der Beobachtung: 5;8

Angaben zur Beobachtung
Situation:
Stefan erzählt von seinem Lieblingsspielzeug. Er beschreibt es als ein Auto, von dem man das Dach abnehmen kann und das man lenken kann. Er nennt es »Lenkauto«. Hinterher malt er das Auto.

Datum des Beobachtungstages: 18. April 2002
Dauer der Beobachtung: 10.25 - 10.50 Uhr
Ort der Beobachtung: Gruppenraum im Ostsee-Kindergarten Lübeck

Uhrzeit	Verhaltensbeschreibung	Deutung
10.25	Stefan nimmt den Pinsel, taucht ihn ins Wasser, streift ihn am Läppchen ab, nimmt Farbe und malt den ersten Strich. Er hat zuviel Wasser und zu wenig Farbe und sagt: »Die ganze Farbe geht´ runter, bei mir ist bald gelbes Wasser. Hier unten sieht man schon ganz viel gelb.« Er unterhält sich mit seiner Nachbarin. Er malt die Form eines Autos.	Er probiert den Umgang mit Wasser und Farbe aus. Er arbeitet langsam und sorgfältig. Rascher Lernerfolg, nicht gehemmt, unbefangen, Mitteilungsbedürfnis.

Uhrzeit	Verhaltensbeschreibung	Deutung
10.30	Stefan nimmt schwarze Farbe, malt einen Punkt, ein Rad. Er fasst den Pinsel, pfeift vor sich hin, malt das zweite Rad und sagt: »Sind ein bisschen viereckig geworden. Jetzt muss ich rot malen, weil ich kein rosa da hab.« Er nimmt Wasser und Farbe und sagt: »Das ist ein Wohnwagen.«.	Zeichnet Einzelheiten, realistische Farbgebung, Kritik an der eigenen Leistung; die anderen interessieren sich für seine Arbeit; sorgfältiger Umgang mit Material; er sieht die Gestalt des Wohnwagens vor sich, gibt sie im Zusammenhang wieder; Zielvorstellung wird planmäßig umgesetzt.
10.35	Stefan lässt den Wohnwagen unten offen, malt ein Rad, spricht mit seiner Nachbarin und schließt den Boden. Er sagt: »Muss erst mal meinen Pinsel richtig abwaschen. Was brauche ich jetzt?« Er schaut auf seine Farben. Er sagt: »Guck mal, was ich für Brühe hab. Ich hab Suppenbrühe. Ich hab Johannesbeersaft.« Er nimmt rote Farbe, steht kurz auf und sieht zu seiner Nachbarin. Er betrachtet sein Blatt und sagt: »Das ist ein Balkon, das sind Rücklichter. Guck mal, ich hab schon wieder schmutziges Wasser.« Stefan taucht den Pinsel lange ins Wasser, legt den Lappen beiseite, streift den Pinsel am Glas ab, nimmt Farbe und zeichnet eine blaue Verbindungslinie zwischen Auto und Wohnwagen.	detailliertes und realistisches Zeichnen; geht wieder von genauen Vorstellungen aus; ist bestrebt, Kontakt zu haben. Einfall.
10.40	Stefan sagt: »Was fehlt mir jetzt alles noch?« Er sieht sich sein Bild an und sagt: »Aha.« Er nimmt Wasser und rote Farbe. »Mm, wie sieht denn jetzt mein Wasser aus?«	Er ist auf genaue Ausführung aus; bleibt beim Thema mit seinen Äußerungen; aktiv bei der Sache und ausdauernd;

Uhrzeit	Verhaltensbeschreibung	Deutung
	Er malt die Linien des Wohnwagens noch einmal nach. Er nimmt wieder Wasser und Farbe und malt ein Quadrat in den Wohnwagen. Er schaut sich um, malt noch ein Rechteck in den Wohnwagen und füllt es aus.	noch nicht an der Grenze seiner Belastbarkeit angelangt. Interesse; Leistungswille; Freude an der Beschäftigung.
	Er legt den Pinsel in den Kasten, geht mit seinem Nachbarn zum Waschbecken, schüttet das schmutzige Wasser aus, nimmt neues und sagt: »So wenig, ich nehm noch mehr. Jetzt ist genug.« Er geht an seinen Platz zurück, wischt seine Hände am Lappen ab, stellt das Wasser hin. Er nimmt eine neue Farbe: rot.	
10.45	Er sagt: »Bei mir bleibt kein weiß mehr frei.« Stefan malt um das Quadrat herum, bis die Ganze Fläche ausgefüllt ist und ein weißes Viereck bleibt. Er sagt: »Ich komm dieses Jahr in die Schule. Wer sieht auf der Seite, wo ich gemalt hab noch einen Ritz von weiß? Und der Auspuff. So... Ich hab schon wieder rotes Wasser.« Er wäscht den Pinsel aus, streift ihn ab, nimmt schwarze Farbe und malt über die blau-rote Verbindungslinie. Sagt: »Jetzt muss ich mir noch überlegen, was noch alles fehlt.« Er nimmt Wasser, wischt den Pinsel am Lappen ab und sagt: »Jetzt bin ich auch fertig.«	Ausdauernd bei der Sache und selbstkritisch. Noch nicht am Ende seiner Belastbarkeit angelangt
10.50	»Jetzt leg ich den Pinsel in den Tuschkasten.«	

Beurteilung

Stefan hatte die Aufgabe, sein Lieblingsspielzeug, ein »Lenkauto«, wie er es nennt, zu malen. Die Hauptschwierigkeit, seine Vorstellung im Zusammenhang wiederzugeben, hat er gut bewältigt. Durch die anschauliche Beschreibung zeigt sich eine Distanz und eine gewisse sachliche Einstellung dem Spielzeug gegenüber.

Stefan hatte Interesse und Freude an der Beschäftigung und fasste sie mehr als Arbeit auf. Er hat einen guten Leistungswillen, was durch rasche Lernerfolge bewiesen wird.

Stefan hat schon eine gewisse Zielvorstellung und Planung. Er zeichnet detailliert und realistisch.

Er erfasste sofort die Aufgabe und arbeitete sehr sorgfältig und genau. Er übte sogar schon Kritik an der eigenen Leistung. Stefan ist ein sehr aufgeschlossenes, unbefangenes und kontaktfreudiges Kind. Er war während der ganzen Beschäftigung fröhlich, unbeschwert und ausgeglichen. Am Ende war er noch nicht an der Grenze seiner Belastbarkeit angelangt.

Stefan ist den Kindern seines Alters ein wenig voraus und als schulreif anzusehen.

Stichwortartige Aufzeichnungen

Zeit und Mühe kann die Erzieherin sparen, wenn sie nicht fortlaufend beobachtet und notiert, sondern sich nur stichprobenartige Aufzeichnungen macht. Die Beobachtungszeitpunkte lassen sich in gleichmäßigen Abständen über den Vormittag bzw. ganzen Tag verteilen.

Hier das Beispiel einer Dreiergruppe, die im Halbstunden-Rhythmus beobachtet wurde:

Zeit	Mathias	Petra	Andrea
09.45	spielt mit Autos auf dem Boden	malt ein Bild	beim Frühstück
10.15	frühstückt mit Petra	frühstückt mit Mathias	versucht auf Stelzen zu gehen
10.45	fährt mit Sandra Dreirad	baut zusammen mit Andrea ein Haus aus	baut zusammen mit Petra ein Haus aus Legosteinen
11.15 (im Freien)	spielt mit zwei Jungen aus der anderen Gruppe mit Autos im Sand	spielt Himmel & Hölle mit Nina und Jenny	fährt Roller
11.45 (im Freien)	sitzt allein in der Sandkiste	spielt mit Jenny und Andrea Verstecken	spielt mit Petra und Jenny Verstecken
12.15	Die Kinder werden von ihren Eltern abgeholt.		

Können Sie aus diesem Protokoll bereits Schlussfolgerungen (Deutungen) ziehen? Welche Rolle spielen Mathias, Petra und Andrea in der Gruppe? Wie sind die Kontakte zueinander?

Die Aufzeichnungen machen Sinn, wenn sie in gleicher Weise über mehrere Tage und Wochen fortgesetzt werden.

Strichlisten und Häufigkeitsauszählungen

Beobachtungen können auch mit Hilfe von *Strichlisten* festgehalten werden. Sie sind weniger aufwendig, erfordern jedoch ausführliche Überlegungen bei der Aufstellung. Auch eignen sie sich nicht für jede Verhaltensbeobachtung. Will die Erzieherin z.B. herausbekommen, mit welchem Spielmaterial ein Kind bevorzugt umgeht, kurzfristig oder überhaupt nicht mit ihm spielt, kann sie sich eine

Strichliste erstellen. Am besten auf einem DIN-A4-Blatt im Querformat. Die Erzieherin legt fest, welche Ereignisse sie notieren will. Ihr Interesse richtet sich nicht darauf, wie die Ereignisse im Einzelfall aussahen, sondern ausschließlich darauf, *ob* und *wie oft* diese Ereignisse zu beobachten waren. Bleiben wir bei unserem Beispiel »Spielzeug«: Will die Erzieherin die Beliebtheit bestimmter Spielzeuge in ihrer Gruppe repräsentativ erfassen, wird sie anhand der Strichliste jedes Kind eine Woche lang in Freispielsituationen beobachten. Da die Erzieherin maximal zwei bis drei Kinder täglich beobachten wird, wären hierfür ca. drei bis vier Wochen erforderlich.

Die aus Strichlisten gewonnenen Erkenntnisse dienen als unterstützendes Kriterium bei der Auswahl von Spielen, Spielmaterial und Kinderbüchern. Ferner erweitern sie die Möglichkeiten pädagogischen Handelns.

Natürlich lassen sich auch negative Verhaltensweisen mit Hilfe von *Häufigkeitsauszählungen* verdeutlichen. Die Erzieherin hält über einen mehrwöchigen Zeitraum per Strichliste fest, wie sich einzelne Kinder in Auseinandersetzungen verhalten. Kategorien könnten z.B. sein:

- sprachliche Auseinandersetzung (beschimpfen, verspotten, drohen),
- mimisch-gestische Auseinandersetzung (Zunge herausstrecken, einen »Vogel« zeigen, Fäuste ballen, »Stinkefinger« zeigen),
- körperliche Auseinandersetzung (zerren, schubsen, kratzen, treten, schlagen).
- Auseinandersetzungen mit verschiedenen Mitteln (beschimpfen, Zunge herausstrecken und schlagen).

Aus den Strichlisten wird später nur ersichtlich sein, wie häufig sich ein Kind bestimmter Auseindersetzungsformen »bediente«. Bei reinen Strichlisten gehen die auslösenden Situationen für bestimmte Ereignisse ebenso verloren, wie die Gefühle der Beteiligten (Beobachterin/Kinder). Erst über die Interpretation bzw. Deutung der Beobachtungsergebnisse gehen sie wieder mehr oder weniger kontrolliert in die Beobachtung mit ein.

Beobachtungsbögen

Ein strukturierter Beobachtungsbogen vereinfacht und erleichtert das Protokollieren, wenn eine Gesamtsituation unter bestimmten Gesichtspunkten beobachtet werden soll. Mit Hilfe von Beobachtungsbögen lassen sich z.b. das Freispiel-Verhalten eines Kindes, seine kognitiven Leistungen, sein Sozialverhalten und seine motorischen Fertigkeiten schriftlich fixieren. Die Verhaltensbeobachtung durch Beobachtungsbögen gilt als sehr objektive Form. Voraussetzung ist, dass ein geeigneter, gut durchdachter Beobachtungsbogen schon vorliegt oder dass die Erzieherin in der Lage ist, einen Beobachtungsbogen selbst zu erstellen.

Der Umfang von Beobachtungsbögen, die das Gesamtverhalten eines Kindes erfassen wollten, würde die Stärke eines Telefonbuches annehmen. Da dieses weder zu leisten ist noch Sinn macht, erfassen wir mit Beobachtungsbögen immer nur Teilbereiche kindlichen Verhaltens, können hier jedoch auch bis in Details gehen.

Die *Nachteile von Beobachtungsbögen* bestehen z.b. darin, dass sie keine Persönlichkeitsvariablen wie Spontaneität, Phantasie, Gestaltungsbereitschaft, Gruppensituation, Affekte oder augenblickliches soziales Umfeld erfassen können. Zudem gehen Gefühle der Beteiligten (beobachtende Erzieherin/Kinder) verloren, wenn sich das Protokollieren der Beobachtung auf eine reine Strichliste oder das Abhaken bzw. Ankreuzen von Stichworten beschränkt. Erst über die sorgfältige Interpretation der Beobachtungsergebnisse fließen diese wieder teilweise und mehr kontrolliert in die Beobachtung mit ein. Es ist sinnvoll, wenn Beobachtungsbögen Raum bieten für kurze handschriftliche Notizen, die weitere Aufschlüsse über die Situation und das Umfeld geben, in dem die Beobachtung stattgefunden hat. So kann es z.b. wichtig sein, auf einem Beobachtungsbogen gesondert zu vermerken, dass ein Kind Schwierigkeiten im Partnerspiel hatte, weil zum Zeitpunkt der Beobachtung der Freund des beobachteten Kindes nicht in der Gruppe war.

Wie bei jeder Beobachtung, ob frei protokolliert oder mit Hilfe eines Bogens festgehalten, gilt: *Die Qualität und Aussagekraft erhöht sich mit der Zahl der vorgenommenen Beobachtungen.* Hat die Erzieherin sich z.B. vorgenommen, ein bestimmtes Kind in seinem

Verhalten beim Freispiel zu beobachten, so wird sie es nicht nur einmal tun, sondern über mehrere Tage oder eine Woche hinweg für vielleicht 10 bis 20 Minuten. Hier können dann wieder vorher festgelegte Beobachtungskategorien auf einem Beobachtungsbogen die Arbeit erleichtern.

Da der Umgang mit Beobachtungsbögen einige Übung voraussetzt, finden Sie auf den folgenden Seiten fünf Beispiele, die Sie sich unter den angesprochenen kritischen Gesichtspunkten anschauen sollten.

Beobachtungsbogen zur systematischen Beobachtung eines Kindes im Freispiel

Angaben zur Gruppensituation:
Gruppenstärke: ...., davon .... Mädchen, ... Jungen
Mitarbeiterinnen in der Gruppe: ....
Kurze Situationsbeschreibung: ....
....
....
Name und Alter des Kindes:...
Beobachterin: ....

Datum (mit Wochentag):
Uhrzeit (von/bis):

Ruhe ....
Zuschauen ....
Bewegung ....
Unterhaltung ....
Malen ....
Formen ....
Werken ....
Bauen...
Legen ....
Konstruieren ....
Rollenspiel..
Regelspiele..
Experimentierspiele ....
musisch-rhythmisches Tun ....
Beschäftigung mit Büchern ....
Beschäftigung mit Tieren ....
Lebenspraktische Übungen ....

Beobachtungsregel: Das Kind wird mindestens 1 Woche für mindestens 10 Minuten täglich zur gleichen Uhrzeit beobachtet.

Datum / Unterschrift der Erzieherin

Einschätzbogen für Kinder und Jugendliche im Rahmen einer Heimaufnahme

Name: .... Alter: ....

Datum: .... ausgefüllt von: ....

| | wenig | etwas | sehr |

Selbständigkeit ....

Umgang mit sich selbst ....
Gesundheitsbewusstsein..............................
Körperhygiene ....
Ernährungsbewusstsein ....
Ausdauer ....
Zuverlässigkeit ....
Selbstbewusstsein ....

Soziale Kontakte
Kontakte zur Familie ....
Freundschaften ....
Außenkontakte ....
Kontakte in der Schule ....
Beziehung zum anderen Geschlecht ....
Verbale Fähigkeiten ....
Beständigkeit ....
Konfliktfähigkeit..............................
Umgangsformen..............................
Selbstvertrauen/Selbstsicherheit ....

Lebenspraktischer Bereich
Umgang mit Geld ....
Verhältnis zum Eigentum ....
Zeiteinteilung ....
Umgang mit Medien ....
Lebensplanung ....

Zusammenfassende Bemerkungen:

Beziehungen/Verhalten zu anderen Kindern/Jugendlichen in der Gruppe

interessiert	-- - 0 - --	gleichgültig
beliebt	-- - 0 - --	unbeliebt
offen	-- - 0 - --	verschlossen
aktiv	-- - 0 - --	passiv
kontaktreich	-- - 0 - --	kontaktarm
unabhängig	-- - 0 - --	abhängig
sicher	-- - 0 - --	unsicher

Stellung in der Gruppe:

Beziehung/Verhalten zur Erzieherin/zum Erzieher

offen	-- - 0 - --	verschlossen
vertrauend	-- - 0 - --	misstrauisch
Grenzen achtend	-- - 0 - --	distanzlos
intensiv	-- - 0 - --	oberflächlich
berechenbar	-- - 0 - --	unberechenbar

Auffälligkeiten bei meinen Kollegen:

Schulischer Bereich
(Angaben von ....)

aktiv	-- - 0 - --	passiv
selbständig	-- - 0 - --	unselbständig
zufrieden	-- - 0 - --	unzufrieden
interessiert	-- - 0 - --	uninteressiert
fleißig	-- - 0 - --	faul
leistungsstark	-- - 0 - --	leistungsschwach
aufmerksam	-- - 0 - --	unaufmerksam
diszipliniert	-- - 0 - --	undiszipliniert
schnell	-- - 0 - --	langsam
bemüht	-- - 0 - --	resigniert

Stellung in der Klasse:

Verhältnis zu den Lehrern:

Verhalten bei der Schulaufgabenhilfe:

Freizeitbereich

aktiv	-- - 0 - --	passiv
selbständig	-- - 0 - --	unselbständig
außenorientiert	-- - 0 - --	innenorientiert
gemeinsam	-- - 0 - --	allein
zufrieden	-- - 0 - --	unzufrieden
sicher	-- - 0 - --	unsicher
beständig	-- - 0 - --	unbeständig

Hobbys, Interessen:

Familiensituation zur Zeit der Heimeinweisung
(Informationen durch Gespräch oder Sozialarbeiter/in)

Familienproblematik / Einweisungsgrund

Beziehung zu den Familienangehörigen
(Eigener Eindruck, Gespräch, Fremdinformationen)

Jetzige Familiensituation

Aktuelle Beziehung zu den Familienangehörigen

Werthaltungen, Verhaltensmuster, Rollenvorgaben

Besondere Auffälligkeiten

(Z.B. Hemmungen, Ängste, Zwänge, Aggressionen, Bettnässen, Einkoten, Nägelkauen, Essstörungen, Depressionen, Schlafstörungen, Jaktationen, Stottern, Tics, Realitätsverlust, psychosomatische Beschwerden, Behinderungen, Suchtproblematik, Verwahrlosung.)

Zusammenfassende Beschreibung:

Erziehungsplan

Ausgangssituation:

Erziehungsziele:

Erziehungsmaßnahmen:

_____

Datum / Unterschrift des Erziehers/der Erzieherin

Beobachtungsbogen zur Einschätzung des Sozialverhaltens

Name des Kindergartens: ....

Name des Kindes: .... Alter: .... Gruppe: ....

Beobachtungstag/Datum:.................... Name der Erzieherin: ....

Kontakt

Introversion	3 2 1 0 1 2 3	Extraversion
intensiv	3 2 1 0 1 2 3	oberflächlich
zögernd	3 2 1 0 1 2 3	rasch
beständig	3 2 1 0 1 2 3	wechselhaft

Stellung in der Kindergruppe

Star .... Führer/in .... Cliquenmitglied .... Mitläufer/in ....

Spezialist/in für .... Außenseiter/in ....

Verhalten gegenüber der Erzieherin

aufgeschlossen	3 2 1 0 1 2 3	ablehnend
positive Wertschätzung	3 2 1 0 1 2 3	negat. Wertschätzung
kritisch	3 2 1 0 1 2 3	unkritisch
unterwürfig	3 2 1 0 1 2 3	protestierend
selbständig	3 2 1 0 1 2 3	unselbständig

Verhalten gegenüber fremden Personen

aufgeschlossen	3 2 1 0 1 2 3	ablehnend
vertraulich	3 2 1 0 1 2 3	ängstlich
ungehemmt	3 2 1 0 1 2 3	gehemmt
kritisch	3 2 1 0 1 2 3	unkritisch

Verhalten in der Gruppe
Allgemein

aktiv	3 2 1 0 1 2 3	passiv
kooperationsbereit	3 2 1 0 1 2 3	nicht kooperationsbereit

Freundschaften (Name(n), Alter, Eigenarten).................................

....

Beim Spiel

selbständig	3 2 1 0 1 2 3	unselbständig
teamfähig	3 2 1 0 1 2 3	nicht teamfähig

Beim Gespräch
aktiv   3 2 1 0 1 2 3   passiv
demokratisch   3 2 1 0 1 2 3   undemokratisch
dominant   3 2 1 0 1 2 3   zurückhaltend

Soziale Verantwortungsbereitschaft
rücksichtslos   3 2 1 0 1 2 3   selbstlos

Selbstbehauptung
setzt sich aggressiv durch   3 2 1 0 1 2 3   setzt sich nicht durch

Soziales Selbstvertrauen
sozial optimistisch   3 2 1 0 1 2 3   sozial pessimistisch

Geltungsstreben
stark   3 2 1 0 1 2 3   schwach

Verhalten in Konfliktsituationen
- mit Erziehern: versucht sich in sachlicher Weise mit der Erzieherin zu einigen, zeigt dabei Einsicht von der Sache her, ohne sich unterwürfig zu verhalten ( )..

Zieht sich auf sich selbst zurück, geht der sozialen Auseinandersetzung aus dem Weg ( )..

schreit, schimpft herum, gibt aber doch nach ( ) ....

verhält sich »trotzig«, geht nicht auf die Erzieherin ein ( ). ....

- mit Gruppenmitgliedern: geht aktiv auf den Gegner zu, um seine Probleme zu lösen ( ) ....
und zwar ( ) mehr verbal, sachlich ....
          ( ) mehr durch Drohungen ....
          ( ) durch körperliche Aggressionen. ....
Zieht sich auf sich selbst zurück ( ) ....

Besonderheiten ....

Datum / Unterschrift der Erzieherin

Erhebungsbogen »Auffälliges Verhalten«
(Nur für den internen Dienstgebrauch)

Anschrift des Kindergartens: ....

Name des Kindes: .... Alter: ....

Im Kindergarten seit .... Monaten.

Datum: .... Name der erhebenden Erzieherin: ....

Dauer des Kindergartenbesuches pro Woche	täglich ganztags ( )
(in Stunden)	täglich halbtags ( )
	anderes: ....

Aufteilung der Kindergartenzeit	Spielzeit ( )
(in Stunden pro Tag)	Lernzeit ( )
	sonstiges: ....

Zusammensetzung der Spielzeit   a) vorwiegend »freies« Spiel ( )
                                                         b) vorwiegend Spiele nach
                                                                 Vorgabe/Anleitung ( )
                                                          c) a) und b) ausgewogen ( )

Kurzbeschreibung der Art und Weise des
a) »freien Spiels« ....
b) Spiels nach Vorgabe/Anleitung: ....
Wie verhält sich das Kind bei angeleiteten Beschäftigungen/Lernangeboten
....?
Kommt das Kind regelmäßig ( ) oder unregelmäßig ( ) in den
Kindergarten?

Falls das Kind unregelmäßig kommt, welche Gründe liegen vor?	verspätete sich oft bzw. wurde zu spät gebracht ( )
	fehlte oft wegen Krankheit ( )
	fehlte oft aus anderen Gründen ( )
	unbekannt ( )

Ist das Kind morgens ausgeschlafen?	immer ( )
	meistens ( )
	selten ( )

Das Kind verhält sich vorwiegend	aktiv ( )
	passiv ( )

Das Kind ist in der Gruppe   Außenseiter   ( )
                                     unauffällig   ( )

Bei dem Kind beobachte ich öfter ......

Schlagen   ( ) Streiten   ( ) Hemmungen   ( )
Einnässen   ( ) Daumenlutschen   ( ) Unkonzentriertheit ( )
Essstörungen   ( ) Frechheit   ( ) Schüchternheit   ( )
motorische Unruhe ( ) Schüchternheit   ( ) sich selbst wehtun ( )
nervöse Zuckungen ( ) Stottern   ( ) sexuelle Spielereien ( )
Nägelkauen   ( ) Haaredrehen   ( ) unerlaubtes
Unbeherrschtheit   ( ) Unselbständigkeit ( ) Wegnehmen   ( )
Ungehorsam   ( ) Kopfschmerzen   ( ) Bauchschmerzen   ( )
Krämpfe   ( ) Albernheiten   ( ) Zerstören/
Reizbarkeit   ( ) Beschimpfen   ( ) Kaputtmachen   ( )
Verhöhnen   ( ) Eifersucht   ( )

Andere Auffälligkeiten ....
Keine Auffälligkeiten ( )

Das Kind ist häufig .....

ausgeglichen   ( ) ängstlich   ( ) leicht ermüdbar   ( )
empfindsam   ( ) nervös   ( ) zerstreut, vergesslich ( )
leicht erregbar   ( ) zappelig   ( ) anlehnungsbedürftig   ( )
traurig   ( )

Bei Gesprächen über das Kind zeigten sich die Eltern
                          stark interessiert   ( )
                          nicht besonders interessiert   ( )
                          überhaupt nicht interessiert   ( )

Besondere Eindrücke:...
....
....

Datum / Unterschrift der Erzieherin

Beobachtungs- und Erhebungsbogen zur Feststellung der Schulfähigkeit (Schulanfänger-Aufnahmeeindruck)

Name des Kindes: .... Geburtsdatum: ....

Körperliche Merkmale: ....
Behinderungen u. Störungen: ....
Konstitution: ....
Grob- und Feinmotorischer Bereich: ....

Farbenprobe: Unterscheiden der Farbtöne: rot, blau, grün, gelb, braun, grau

Formauffassung: Formfehler, Vergleich, Beobachtungen, Konzentration
Arbeit am Steckkasten:
Nachzeichnen:

Arbeitsweise: überlegt, sorgfältig, selbständig, oberflächlich, planlos, ungeschickt, unselbständig, Auftrag wird abgelehnt.

Arbeitstempo: schnell, hastig, bedächtig, zögernd, langsam.

Merkfähigkeit: 3 bis 4 Kinder- und Tiernamen nachsprechen lassen.
Wie viele richtig?
4 - 5 Zahlen:

Einfaches Folgern und Zuordnen:
Wer hilft uns?: Scheibe entzwei/Wasserhahn tropft/Schlüssel verloren u.a.m.
Zweckbestimmung von Geräten und Gegenständen: Was brauchen Handwerker?
Verhaltensweisen: Brief einwerfen/Geld gefunden/sich verlaufen u.a.m.
Urteil: richtiges, umsichtiges, noch sehr kindliches Verhalten, ratlos.

Verstellungsvermögen: Woran ist das Kind besonders interessiert?
Technische Dinge, Medien, Tiere, Pflanzen...
Urteil: vielseitig, reich, normal, noch stark kindlich begrenzt, klein, kein Interesse für außenstehende Dinge.

Zahlbegriffe: Mengenvorstellungen 2 3 4 5 (ohne nachzuzählen).
Das Kind zählt bis:

Psychisches Verhalten/Emotionale Stabilität: leicht ansprechbar, offen und aufgeschlossen, lebendig, neugierig, empfindlich, gehemmt, zurückhaltend, stark gehemmt, ängstlich, weint, unansprechbar, nervös.

Äußerungsvermögen: Mitteilsam, gesprächig, spricht in Sätzen, schon sicher im Ausdruck, wortkarg, kein Drang nach Mitteilung, antwortet nur mit einem Wort, ja und nein, schweigt, sagt nichts.
Sprachfehler:

Sonstiges: Kindergarten: ja, von .... bis.............; nein
Verhalten in der Gemeinschaft/Gruppenfähigkeit: Spielt gern mit anderen Kindern, verträglich, streitsüchtig, unverträglich, spielt am liebsten allein.
Zahl der Geschwister: ältere: .... jüngere: ....

Schulreife: 1 = voll schulreif   2 = schulreif
          3 = kaum schulreif (Versuch)   4 = nicht schulreif

Stellungnahme der Eltern: Einschulung / Zurückstellung

_____

Datum/Unterschrift der Erzieherin

Dieser *Erhebungsbogen* kann nur ein Ersteindruck sein. Wollen wir mehr über die Schulfähigkeit, die ja auch unmittelbar mit der *Schulbereitschaft* eines Kindes zusammenhängt, erfahren, müssen wir wesentlich differenzierter fragen als es dieser Erhebungsbogen zulässt. So können wir zwischen körperlicher, sozial-emotionaler und kognitiver Schulfähigkeit unterscheiden. Hinsichtlich der *körperlichen Schulfähigkeit* ergibt sich ein ganzer Fragenkatalog, mit dem ermittelt wird, welche grob- und feinmotorischen Fähigkeiten, Defizite und Auffälligkeiten ein Kind aufweist. Unter *sozial-emotionaler Schulfähigkeit* versteht man die Gruppenfähigkeit, emotionale Stabilität und das Arbeitsverhalten des Kindes. Bezogen auf die Gruppenfähigkeit würde man fragen, auf welche Weise es Kontakte aufnimmt, ob es kooperieren kann, wie es mit Konflikten umgeht und inwieweit sein Regelbewusstsein ausgebildet ist.

Auch zur Klärung der *kognitiven Schulfähigkeit* muss differenziert nachgefragt werden. Hier geht es z.b. um Aufgabenverständnis, Merk-, Denk- und Verknüpfungsfähigkeit, Interessen, Spiel- und Lernverhalten des Kindes, wie seine Artikulations- und Sprechfähigkeit, Symbolverständnis, Formenwahrnehmung, Mengenauffassung und Zahlenverständnis. Nicht zuletzt ist sein Umwelt- und Erfahrungswissen ebenso abzuklären wie seine ersten Lesevorkenntnisse.

Wird die Schulfähigkeit eines Kindes beurteilt, so ist seine Lebensgeschichte einzubeziehen. Das familiäre Milieu, in dem das Kind aufwächst, spielt eine wichtige Rolle. Die Bedingungen in der Familie und im Kindergarten haben die Entwicklung von Fähigkeiten, Fertigkeiten und Interessen bereits maßgeblich beeinflusst. Im Gespräch mit Eltern eines einzuschulenden Kindes kann die erfahrene Erzieherin, in deren Obhut sich das Kind über längere Zeit befand, dazu beitragen, ob es sinnvoll ist, ein Kind einzuschulen oder noch vom Schulbesuch zurückzustellen und z.B. vorerst in den Schulkindergarten zu geben.

Videokamera und Kassettenrecorder als diagnostische Hilfsmittel

Die heute zur Verfügung stehende Videotechnik ist als *Beobachtungs-* und *diagnostisches* Hilfsmittel ein wichtiges Rückmeldungsinstrument (Feedbackinstrument) in der pädagogischen Arbeit. Es liefert ungefiltertes Material zur Selbst- und Fremdbeobachtung. In Einrichtungen, die über eine entsprechende Ausrüstung verfügen, kann der Einsatz eines Camcorders zur Aufzeichnung von Beobachtungen sehr hilfreich sein. Aufgenommene Situationen können wir jederzeit wieder betrachten. So lässt sich die Genauigkeit einer Beobachtung sorgfältig analysieren.

Wer bisher wenig Erfahrungen mit dem technischen Hilfsmittel der Videotechnik gesammelt hat, muss zunächst die Scheu vor der Videoaufzeichnung überwinden und sich mit den Geräten vertraut machen. Misslungene und undeutliche Aufnahmen können frustrierend sein. Sehr störend wirkt z.B. ein überhöhter Geräuschpegel, da die Aufmerksamkeit der Betrachter nicht mehr auf den Fokus des Geschehens gelenkt wird.

Besonders nonverbale Interaktionen innerhalb einer Gruppe (Kind/Kind, Kind/Erzieherin, Kind/Eltern) wie Zuwendung und Abwendung, Blickverhalten, Berührungen, Gesichtsausdruck, Hand- und Armgebärden, Kopfnicken, Sprechdauer und Sprechtempo lassen sich durch das wiederholte Betrachten fundiert untersuchen. Die verzögerte Wiedergabe der Videoaufnahme gibt z.B. Einsichten in Ereignisse, die wir in realen Situationen kaum verfolgen können. Aufgezeichnete Bilder erzeugen ein starkes Erleben. Sie eignen sich über die intensive Beobachtung hinaus zur Erinnerung und zum Einüben neuer Fertigkeiten. Die Videotechnik kann helfen, subjektiv erlebte Situationen zu strukturieren.

Die im Rahmen der Erzieherausbildung eingesetzte Videokamera entwickelt bei den Beteiligten meist gleich nach der Aufnahme das Bedürfnis, die beobachteten Ereignisse zu erklären und umgehend zu evaluieren. Angehende Erzieherinnen werden durch die Fremdbeobachtung mit ihrem eigenen Tun konfrontiert. Das (positive) Feedback bewirkt bei den Beteiligten ein Gefühl der *Selbstwirksamkeit,* unter dem sich neue Einblicke in Verhaltensweisen entwickeln und erweitern lassen. Das wiederholte Betrachten aufgezeichneter Situationen ermöglicht verstärkt Haltungen, Rollen und Verhaltensmuster innerhalb von Beziehungen zu erkennen, um dann z.b. entsprechende Verhaltensänderungen bewirken zu können.

Beim Arbeiten mit der Videotechnik als Beobachtungshilfe haben wir uns an rechtliche Bestimmungen zu halten. Dies gilt auch beim Einsatz des Camcorders für den dienstinternen Gebrauch. Eltern müssen grundsätzlich über Ihr Vorhaben informiert werden, um schriftlich oder mündlich zustimmen zu können. Ansonsten unterliegen die gewonnenen Informationen der Schweigepflicht und sind nicht an Dritte weiterzuleiten. Das Kunsturhebergesetz (§ 22) regelt das Recht am eigenen Bild. Danach dürfen Bildnisse nur mit Einwilligung der Beteiligten (hier: der Erziehungsberechtigten) »... abgebildet, verbreitet oder öffentlich zur Schau gestellt werden« (BGBl III, 440-3). Im Vordergrund stehen also immer die persönlichen Rechte und Interessen von Eltern und Kindern, die unter allen Umständen zu berücksichtigen sind.

Von der Möglichkeit, den Kassettenrecorder beim Beobachten einzusetzen, wird relativ selten Gebrauch gemacht. Dabei lassen sich, ohne dass Kinder durch die Aufnahmetechnik abgelenkt werden, einige Verhaltensweisen von Erzieherin wie Kindern besonders bewusst machen: Wie hoch ist der Redeanteil der Erzieherin? Lässt sie die einzelnen Kinder ausreden? Wie stark lenkt sie bei Gesprächen (wie einer Bildbetrachtung)? Hören die Kinder aufeinander? Lassen sie einander ausreden? Wie machen sie sich verständlich? Sprechen sie in grammatikalisch richtigen Sätzen?

Der Kassettenrecorder kann sowohl zur Selbstkontrolle der Erzieherin eingesetzt werden, wie auch zur Beobachtung der sprachlichen und stimmlichen Fähigkeiten der Kinder. Wenn es um ein Feedback für die Erzieherin geht, ist hier natürlich auch die Bereitschaft vorausgesetzt, mit Kolleginnen zusammenzuarbeiten und konstruktive Kritik ertragen zu können.

Zusammenfassung

- Aus einem *Verhaltensprotokoll* muss an jeder Stelle ersichtlich sein, ob von Beobachtung (Beschreibung), Deutung oder Beurteilung die Rede ist.

- *Beobachtungsschemata* (Aufzeichnungsblätter, Beobachtungs- und Fragebögen) klären, *was, wer, wann* und *wo* beobachtet und notiert werden soll. Schematisierte Aufzeichnungen geben Hinweise, ersparen aber keine gedankliche Arbeit.

- *Beobachtungsbögen* erfassen keine Persönlichkeitsvariablen wie Spontaneität, Phantasie und Gestaltungsbereitschaft. Auch die Gruppensituation, Affekte und das augenblickliche soziale Umfeld bleiben unberücksichtigt.

- Beobachtungen können auch mit Hilfe von *Häufigkeitszählungen* und *Strichlisten* festgehalten werden, eignen sich aber nicht für jede Verhaltensbeobachtung.

- Die *Videotechnik* als diagnostisches Hilfsmittel ist ein wichtiges *Rückmeldungsinstrument* in der pädagogischen Arbeit. Es liefert ungefiltertes Material zur Selbst- und Fremdbeobachtung.

Anregungen

- Erläutern Sie, warum bei einer umfassenden Verhaltensbeurteilung nichts dem Zufall überlassen bleibt.

- Was können Sie tun, um unklare Verhaltensbeschreibungen zu vermeiden?

- Was verstehen Sie unter »Verlaufsprotokoll« und »Längsschnittprotokoll«?

- Welche Fragestellungen ergeben sich, will man die Schulfähigkeit eines Kindes ermitteln?

- Setzen Sie einmal bei Ihrer nächsten praktischen Beschäftigung in einer Kindergartengruppe den Kassettenrekorder zur Selbstkontrolle ein. Überprüfen Sie: Wie hoch ist mein Redeanteil? Arbeite ich vorwiegend mit Anordnungen? Erkläre ich anschaulich? Spreche ich kindgemäß?

- Inwiefern spielen bei der Verhaltensaufzeichnung mit Videotechnik rechtliche Gesichtspunkte eine Rolle?

7. Fehlerquellen, Grenzen und Schwierigkeiten bei der Beobachtung

Die Beobachtung ist zwar eine in der Erziehungsarbeit anerkannte Methode ist, sie ist aber nicht frei von Fehlerquellen und Problemen, die sich während und nach einer Beobachtung ergeben können. Es ist hinlänglich bekannt, dass verschiedene Beobachter in ein und derselben Situation und zur gleichen Zeit oft Verschiedenes, wenn nicht sogar Gegensätzliches »sehen«. Eine fehler- und wertungsfreie Beobachtung gibt es nicht. Wir können uns nur um eine möglichst große Annäherung an eine objektive Beobachtung bemühen.

Beobachtungsfehler ergeben sich z.b. aus der *Unzulänglichkeit unseres menschlichen Sinnesapparates*, wenn Aufmerksamkeitsschwankungen oder persönliche Einstellungen in eine Beobachtung mit einfließen. Selbst bei größter Aufmerksamkeit können wir nicht alle Wahrnehmungsreize, die uns begegnen, aufnehmen und angemessen verarbeiten. Konnte die Erzieherin nur einen Teil eines Geschehens beobachten, wird sie unmittelbar zu falschen Schlussfolgerungen kommen. Ebenso birgt das *vorschnelle Schlussfolgern* die Gefahr einer falschen Beurteilung, weil sie auf Vermutungen aufgebaut ist.

Beobachtungen sind *beobachterbestimmt*. In der Eile wird manches Wichtige übersehen oder eine in die Gruppe hinzugekommene Mutter behindert den Beobachtungsablauf. Auch die eigene Unlust, mangelnde Übung oder die eigene Übermüdung beeinflussen die Beobachtung, für die das beobachtete Kind nichts kann, die aber das Beobachtungsergebnis beeinflussen.

Beobachtungen sind auch *situationsbestimmt*. Situationen bestimmen nicht nur das Verhalten, sie verändern auch die Beobachtung und den Beobachter. Es macht schon einen Unterschied, ob eine Beobachtung in einer Kindergartengruppe während einer

Beschäftigung, beim Freispiel oder auf einem Ausflug durchgeführt wird. Beobachtungen müssen *untermauert* und *abgesichert* werden. Um zu einem fundierten Ergebnis zu kommen, reicht meist nicht eine einzige Beobachtung aus. Jedes Kind war schon einmal unruhig. Ist es deswegen nervös und unkonzentriert? Um sicher zu gehen, ob eine Einzelbeobachtung auch Gewicht hat, wird die Erzieherin deshalb verschiedene Verfahren anwenden (Beobachten, Befragen, Prüfen).

Beobachten können wir grundsätzlich nur äußerlich sichtbare, sinnlich wahrnehmbare Handlungen und Verhaltensweisen, nicht jedoch dem Verhalten zugrundeliegende Empfindungen, Motive und Gefühle. Sie sind dennoch vorhanden. Um ihre Bedeutung zu erfassen, kann ihnen die Erzieherin anhand von Ausdruck (Mimik/Gestik), Äußerungen und Verhalten nachspüren. Für das zwischenmenschliche Zusammenleben sind Gefühle und Empfindungen unentbehrlich. Die Analyse der Beziehungen zu anderen kann uns die Innenwelt anschaulich eröffnen. Deutungsfehler sind dabei nicht ganz auszuschließen.

Unwägbarkeiten, die objektives Beobachten verhindern: Persönlichkeitsbilder und Erziehungsstil

Die Erzieherin muss wissen, dass ihre persönliche Einstellung bzw. Haltung in erheblichem Maße Einfluss auf die Beobachtungssituation nehmen kann; unter Umständen wird sogar die Verhaltensbeobachtung verzerrt dargestellt und gedeutet. In jedem Erziehungsprozess finden positive oder negative Übertragungen statt. Diese emotional-affektiven Übertragungen haben ihre Wurzeln in den eigenen Erfahrungen mit Eltern, Geschwistern und Freunden, die sich unbewusst in Einstellungen und Bewertungen der Erzieherin widerspiegeln. Hier besteht die Gefahr, dass die Beobachtungsfähigkeit getrübt wird *(Subjektiv-Effekt)* und Verhaltensbeurteilungen in einem falschen Licht erscheinen lassen. So kann die Kolleginnen gegenüber eher kontaktarme Erzieherin, die sich in ihrer Einrichtung nicht anerkannt und auch nicht wohl fühlt, dazu tendieren, ihre Gefühle und Empfindungen auf die Kinder zu projizieren. Auch Ängste und die Unfähigkeit Konflikte zu bewältigen, können zu fehlerhaften Beobachtungsergebnisse führen. Es gibt verschiedene Persönlichkeitsbilder, die in der Erziehungs- und Bildungsarbeit anzutreffen sind. Hier sollen nur vier *Charaktertypen* genannt sein, die sowohl als vorherrschender Typ wie auch als Mischform auftreten:

- Die zur Pedanterie neigende Erzieherin. Sie ist mehr als genau, formalistisch, fast zwanghaft. Bei ihr besteht die Gefahr, dass sie Gefühlsäußerungen wie Freude, Ärger und Zorn bei Kindern unterdrückt bzw. behindert.

- Die durch rasches Handeln und Zupacken gekennzeichnete Erzieherin. Sie ist schnell von einer Idee begeistert und versucht das auf andere zu übertragen. Häufig fehlt ihr das nötige Durchhaltevermögen. Misserfolge im Beruf empfindet sie als persönliche Kränkung.

- Die stark von der Freundlichkeit ihrer Umwelt und der Beliebtheit ihrer Mitmenschen abhängige Erzieherin. Sie ist bei Kindern besonders beliebt, weil sie viele Zugeständnisse macht. Ihr Problem ist die große Abhängigkeit vom Verhalten der Gruppe. Ist diese unruhig, desinteressiert oder aggressiv, bekommt sie schnell Schuldgefühle und zweifelt an ihren pädagogischen Fähigkeiten.

- Die narzisstische Erzieherin bekommt keinen echten Kontakt zu ihrer Umwelt. Sie erlebt alles, Freude und Leid, Handlungsweisen und Erlebnisse der anderen Menschen nur in Reflexion auf sich selbst. In aufsässigen Kindern sieht sie eine Verletzung ihrer eigenen Person.

Bei den beschriebenen – sicher unvollständigen – Charaktertypen können wir davon ausgehen, dass im Kommunikationsprozess mit und zwischen Kindern die Objektivität der Beobachtungsfähigkeit beeinträchtigt wird.

Auch Erziehungsstil und Erziehungsmaßnahmen der Erzieherin wirken sich auf das Verhalten von Kindern aus, was letztlich zur Beeinträchtigung objektiver Beobachtungen führen kann. Schauen wir uns einmal kurz tendenzielle Erziehungsstile und ihre Auswirkungen auf das Verhalten der Kinder an:

Die eher autoritäre Erzieherin:
- Alle Tätigkeiten der Kinder werden von ihr bestimmt.
- Aufgaben werden den Kindern immer zugewiesen.
- Lob und Kritik werden eher personen- als sachbezogen gegeben.

Mögliche Reaktionen der Kinder:
- Starke Abhängigkeit der Kinder von der Erzieherin.
- Spontaneität, Bewegung und Aktivität sind eingeschränkt.
- Größere Reizbarkeit, Aggression und Spannungen; vermindertes Sozialverhalten; Dominanzstreben.

Die eher lassez-fair vorgehende Erzieherin:
- Vorwiegend passiv-nachgiebiges Verhalten.
- Hält sich weitgehend zurück; verteilt weder Lob noch Kritik.
- Überlässt Gruppenprozesse den Kindern.

Mögliche Reaktionen der Kinder:
- Vorschläge werden von Kindern gemacht, jedoch nicht realisiert.
- Es fehlt an Orientierung; Kinder sind verunsichert.
- Stärkere setzen sich »im Spiel der freien Kräfte« gegen Schwächere durch; Überforderung.

Die demokratisch-kooperativ handelnde Erzieherin:
- Beteiligt Kinder an Entscheidungen.
- Regt zum selbständigen, konstruktiven Denken an.
- Lob und Kritik sind sachbezogen.

Mögliche Reaktionen der Kinder:
- Zufriedenheit.
- Eher schöpferisches, konstruktives Verhalten.
- Einsicht, Zufriedenheit; Kinder fühlen sich angenommen.

Im Kindergarten wird man nicht alle Führungsstile zugleich und in gleicher Ausprägung vorfinden. Häufig vermischen sie sich. Es liegt jedoch nahe, dass einer vorherrscht und praktiziert wird. Bezogen auf die Verhaltensbeobachtung hat der Erziehungsstil der beobachtenden Erzieherin sowohl Einfluss auf die Gruppe wie auf das einzelne Kind. So kann durchaus sozial auffälliges Verhalten in der Gruppe das Produkt eines diskriminierenden Erziehungsstils sein. Die Erzieherin wird sich demnach als Beobachterin stets fragen, ob nicht ihr Erziehungsstil, ihre eingesetzten Maßnahmen und Methoden auffälliges Verhalten begünstigt bzw. gefördert haben.

Probleme und Fehlerquellen: von Projektion, Typisierung, Subjektivismus und einigen Effekten

Unsere Urteile über andere Menschen hängen auch davon ab, ob wir alle von ihnen ausgehenden Signale richtig aufgenommen und verarbeitet haben. Die bloße Wahrnehmung kann vielfach trügerisch sein.

Bekannte Fehlerquellen sind:

- Projektion - Typisierung - Subjektivismus - Halo-Effekt

- Bei der *Projektion* werden Deutungen *hineingesehen,* statt sie erst durch Beobachtung *herauszusehen.* Die Projektion verfälscht unsere eigene Beobachtung. Dabei spielen Vorurteile, die es uns schwer machen, unvoreingenommen zu beobachten, eine wesentliche Rolle. Solche Vorurteile können z.B. sein: »In dieser Gruppe gibt es nur Uneinsichtige.« »Die Kinder aus der Familie XY sind alle unzuverlässig.« Oder: »Kleinwüchsige sind besonders geltungsbedürftig.« Eigene Probleme werden in das Gegenüber hineingedeutet.

- Die *Typisierung* führt ebenso wie die Projektion zur Behinderung objektiver Beobachtungen. Typisierungen sind für die Einzelbeobachtung und Beurteilung untauglich. Das »typische Mädchen« und den »typischen Jungen« gibt es ebenso wenig wie den »typischen Ostfriesen« oder den »typischen Bayern«. Bei der Typisierung weiß man im Voraus, was man sehen wird.

- Beim Subjektivismus lauert die Gefahr im Hintergrund, sich selbst zum Maßstab zu nehmen. Wer schneller lernt und arbeitet, ist ein »Streber«, wer mehr isst als man selbst, wird zum »Vielesser« bzw. »Vielfrass« erklärt, wer langsamer ist, dem wird »Trägheit« bestätigt.

- Der *Halo-Effekt* beschreibt die menschliche Neigung, von einem Detail auf das Ganze zu schließen. Als Fehlschlüsse dieser Art lassen sich z.b. nennen: »Wer nicht singen kann, ist unmusikalisch.«, »Wer keine Blumen mag, der mag auch keine Tiere.« Oder: Wer lügt, der stiehlt.« Eine derartige »Beurteilung« verbaut den Zugang zu den wirklichen Motiven. Lügen haben häufig etwas mit Ängsten zu tun, die es zu klären gilt. Der Halo-Effekt steht für die Tendenz zur Vereinfachung. , was zu »gefärbten« Urteilen führt. Ein der Erzieherin sympathisches Kind erscheint ihr so zunächst eher als intelligent als ein aus ihrer Sicht unsympatisches. Das soll zwar nicht sein, findet aber unbewusst immer statt.

Die *institutionellen Bedingungen* des Kindergartens üben auf die persönliche Situation und die Beobachtungsfähigkeit der Erzieherin einen nicht zu unterschätzenden Einfluss.
Als konkrete *Beeinflussungsfaktoren* lassen sich nennen:

- Die Zielsetzung, Konzeption und ideologische Ausrichtung des Trägers.
- Die Hierarchie in einer Einrichtung (personelle Ausrichtung).
- Die Persönlichkeit und der Erziehungsstil der Erzieherinnen.

Durch ideologische Vorstellungen des Trägers werden unter Umständen die Beobachtungsmöglichkeiten für bestimmte Verhaltens- und Lernbereiche der Kinder eingeengt, wodurch wiederum wichtige pädagogische Hilfen abgeblockt werden können.
Die Erzieherin sollte ihre Beobachtungen so sachlich wie möglich

beschreiben und Verhaltensweisen erst nach wiederholten, miteinander übereinstimmenden Beobachtungen beurteilen. Hierbei ist auch wichtig, Beobachtungsfehler bei sich zu erkennen, zu korrigieren und weitestgehend einzuschränken.

Ohne Anspruch auf Vollständigkeit, einige weitere Probleme und Fehlerquellen:

- Mangelnde Vertrautheit mit der Beobachtungssituation oder mit der Kultur der beobachteten Gruppe.

- *Unsicherheiten im Beschreiben*, Deuten und Beurteilen. Der Wert einer Beobachtungsbeschreibung hängt auch von der möglichst genau treffenden, differenzierten Wort- und Begriffswahl ab. Die Erzieherin muss in der Lage sein, Vorgänge klar nachvollziehbar zu schildern. Die Qualität einer Beobachtung steigt mit der zunehmenden Fähigkeit, *operational* beschriebenes Verhalten protokollieren zu können. Operationale Verhaltensbeschreibung bedeutet, dass die zu beobachtenden Verhaltensweisen als konkrete, messbare (=quantifizierbare) und jederzeit nachvollziehbare Handlungen beschrieben sein müssen. Berufsanfänger haben zunächst auch die Schwierigkeit, beschriebenes Verhalten und Deutung klar voneinander zu trennen.

- *Sofortige Deutung* kann zu voreingenommener Beobachtung führen, und durch vorschnelle Wertung bzw. Beurteilung werden wesentliche Vorgänge übersehen. Auf *Vermutungen* gestützte Beurteilungen sollte man besser verzichten.

- Von Erstbeobachtungen geht in der Regel ein größerer Einfluss auf die Bildung eines Gesamturteils aus als von später durchgeführten Beobachtungen. Man spricht hier vom *Primacy-Effekt.* Es besteht die Gefahr, dass dazwischenliegende Entwicklungen zu wenig Beachtung finden.
Der *erste Eindruck* vermittelt der Erzieherin Informationen über den Körperbau, Kleidung, Äußerlichkeiten und »Auftreten«. Es

kommt zu ersten Regungen von Sympathie oder Antipathie. In der Regel rundet sich das Bild vom Ersteindruck bereits ab, bevor das erste Wort gewechselt wurde. Der Ersteindruck kann punktuelle Verhaltensweisen offen legen, die durch späteres Rollenverhalten überdeckt werden. Andererseits setzt er sich oft als *Vorurteil* fest, das später nur mühevoll korrigiert werden kann. Die Erzieherin sollte deshalb sorgsam registrieren, was sich zum Ersteindruck wahrnehmen lässt und das Ergebnis in die Gesamtbeurteilung einfließen lassen, indem sie ihren ersten Eindruck mit dem späteren vergleicht.

- Die Erzieherin beobachtet, was aus dem üblichen Rahmen herausragt und von ihren Erwartungen abweicht.

- Mögliche *Einengung durch Beobachtungsbögen.* Sie bieten keinen oder nur sehr verkürzten Raum für die Situation, in der beobachtet wurde.

- Vorwiegend werden auffällige Kinder beobachtet. Die Erzieherin konzentriert ihre Wahrnehmung nur auf einige Kinder ihrer Gruppe, während ihr andere nur selten ins Blickfeld geraten.

- Es wird beobachtet, was selten oder häufig auftritt.

- *Nicht genügendes Individualisieren* durch Vergleich mit anderen Kindern, d.h. nicht alle gleichaltrigen Kinder verhalten sich gleich und sind zu Gleichem in der Lage.

- Am Anfang einer längeren Beobachtung wird zu Beginn oft wesentlich genauer beobachtet als zum Ende hin, was nicht zuletzt von der Aufmerksamkeit und Konzentration der Beobachter abhängt *(unbewusste selektive Steuerung).*

- *Beeinflussung* der Beobachtung durch *Vor-, Neben- und Folgesituationen.* Es darf gefragt werden, ob die Erzieherin vor einem unmittelbar anstehenden Zahnarztbesuch konzentrierter beobachtet oder nach einem gerade überstandenen Auffahrunfall. Auch Kinder verhalten sich anders als sonst, wenn sie gerade etwas Aufregendes hinter sich gebracht haben oder etwas Aufregendes bevorsteht.

- Zu fundierten, vorurteilsloseren Beobachtungsergebnissen kommt man, wenn nicht nur eine Person eine Situation beobachtet, sondern gleich zwei oder mehrere damit beschäftigt sind. Andererseits werden Situationen von zwei oder mehreren Personen recht unterschiedlich gesehen und eingeschätzt.

- *Äußere Einwirkungen* (Lärm, Störungen, Besucher, Telefon) können Beobachtungen beeinträchtigen. Auch durch eigene Aktivitäten wird die Beobachtungssituation beeinflusst.

- Je nach beruflicher Vorbildung und Erfahrung neigen Beobachter zu Milde, Großzügigkeit oder Strenge. Psychologen und Soziologen sind im Bemühen, so objektiv wie möglich zu sein, eher streng. Während Erzieherinnen im Bestreben, jedem Kind gerecht zu werden, eher zu milder, großzügiger Bewertung neigen.

- Hat eine Erzieherin z.b. früher in einem Kindergarten mit Kindern aus problematischen Familien und mit massiven sprachlichen Defiziten gearbeitet, hat sie eine ganz andere Einstellung zu den auftauchenden Schwierigkeiten als ihre Kollegin, die zuvor Kinder des Mittelstandes betreut hat. Vorausgegangene Erfahrungen beeinflussen so die Erzieherin bei ihrer Bewertung von Sachverhalten.

- Ein besonders positives Verhältnis der Erzieherin zu einem Kind kann ihren Blick für dessen »wirkliches Verhalten« trüben und zu verfälschten Beobachtungsergebnissen führen. Häufig wird bei diesem *Milde-Effekt* eindeutigen, vielleicht extremen Aussagen ausgewichen. Die milde Beurteilerin, sofern sie nicht aus taktischen Erwägungen großzügig ist, kommt aus dem unterstützenden Ich. Typisch für die sich nicht festlegende Beurteilerin ist die *Tendenz der Mitte*. Sie will es sich mit niemandem verderben – nicht mit Kindern, Kolleginnen und Eltern. Ihre Beurteilungen sind wenig aussagekräftig und eher ein »Betrug« an den zu Beurteilenden und an sich selbst.

● Negative Erfahrungen mit einem Kind »reizen« bzw. verleiten zu negativen Beobachtungen *(Strenge-Effekt)*. Wie im Falle des Milde-Effekts wird auch hier kaum oder gar nicht differenziert beobachtet.

● Manch informative Beobachtung verhindert die Erzieherin selbst, indem sie sich gedrängt fühlt, in das gerade stattfindende Geschehen selbst einzugreifen. Dabei werden viele Verhaltensweisen von Kindern erst dann verständlich, wenn Ereignisse in ihrer Entwicklung und in ihrem Verlauf vollständig beobachtet werden können.

● *Eine objektive Wahrnehmung bleibt Illusion.* Wir lassen uns von der eigenen Sozialisation, von eigenen Werten, Normen, Alltagstheorien und Stereotypen in unserer Wahrnehmung und deren Interpretation leiten. Wer hat uns wohl schon an seinen bewussten, halbbewussten oder unbewussten Normen abblitzen lassen? Über wessen Stereotype mögen wir schon gestolpert sein? Und wen haben wir schon selber »objektiv« beobachtet und trotzdem einseitig beurteilt?

Niemand ist vor den beschriebenen Schwierigkeiten und Fehlerquellen gefeit. Deshalb ist es wichtig, sich ihrer bewusst zu sein. Auf keinen Fall sollten Sie sich deshalb davon abhalten lassen, Verhaltensprotokolle zu schreiben.

Um einseitiger oder oberflächlicher Wahrnehmung zu begegnen, sollte die Erzieherin hin und wieder ihr »Wahrnehmungsfeld« überprüfen, indem sie sich selbst fragt, auf welche Wahrnehmungsreize sie bevorzugt reagiert, ob sie das Gesamtgeschehen in der Gruppe im Auge behält oder zu ausschnittweiser Wahrnehmung neigt. Auch wird sie sich stets aufs Neue fragen müssen, ob ihre Wahrnehmung möglicherweise durch positive bzw. negative Voreingenommenheit auf bestimmte Kinder fixiert ist.

Zusammenfassung

- Beobachtungsfehler ergeben sich aus der Unzulänglichkeit unseres menschlichen Sinnesapparates, wenn Aufmerksamkeitsschwankungen oder persönliche Einstellungen in eine Beobachtung mit einfließen.

- Beobachtungen sind beobachter- und situationsbestimmt.

- Die häufigsten Probleme und Fehlerquellen sind: Projektion, Typisierung, Subjektivismus, Halo-, Primacy-, Milde- und Strenge-Effekt.

Anregungen

- Inwiefern spielen erzieherische Persönlichkeitsbilder eine Rolle beim Entstehen fehlerhafter Beurteilungsergebnisse?

- Vorurteile in der Wahrnehmung von Personen und Gruppen können schicksalbestimmend sein. Welche Personen und Gruppen sind hiervon in besonderer Weise betroffen? Versuchen Sie im Gespräch mit ihren Kolleginnen und Kollegen zu klären, wie und wodurch es zu diesen Fehlern kommen kann und welche Maßnahmen es gibt, ihnen erfolgversprechend zu begegnen.

8. Praxisbeispiele: Ausführliche Beobachtungsprotokolle aus dem Erzieheralltag

Auf den folgenden Seiten finden Sie drei Beispiele von Beobachtungsberichten aus der erzieherischen Praxis. Schauen Sie sich die Protokolle bitte genau an und versuchen Sie dabei zu klären, inwieweit von den Verfassern zwischen *Beschreibung* und *Bewertung* klar getrennt wurde. Erkennen Sie anhand der Berichte, welche *Beobachtungsmethoden* angewandt wurden? Sind die aufgrund der beschriebenen Verhaltensweisen geschlussfolgerten Deutungen und Beurteilungen für Sie nachvollziehbar? Erleichtert bzw. erschwert Ihnen eines der Protokolle den Einblick in das beschriebene Verhalten? Woran liegt es? Lassen sich aufgrund der vorliegenden *Beurteilungen* bereits *Handlungskonzepte* für das jeweils beschriebene Kind entwickeln?

Beispiel 1: Christiane

Alter zum Zeitpunkt der Beobachtung: 5,8 Jahre
Situation: Christiane hat die Aufgabe in der Gruppe nach Anleitung der Erzieherin ein Fangspiel (Faltarbeit) herzustellen.
Dauer der Beobachtung: 25 Minuten

Uhrzeit	Beobachtung	Deutung
10.00 Uhr	Christiane legt das Blatt vor sich Ecke auf Ecke und streicht durch. Sie sagt:»Ganz schief ist das geworden« und stützt den Kopf auf. Den nächsten Faltvorgang macht sie in der Luft, bevor sie das Blatt auf den Tisch legt. Sie spricht mit ihrem Nachbarn. Bei der nächsten Erklärung nimmt sie sofort die	Sie scheint sich nicht ganz sicher zu sein. Gibt sich Mühe; behilft sich selbst; planvolles Vorgehen. Sofortiges Auffassen der Aufgabe; richtige Ausführung.

Uhrzeit	Beobachtung	Deutung
10.05 Uhr	Christiane nimmt ihr Blatt in die Hand, schaut es an, klappt die Ecken richtig um. Sie nimmt die Faltarbeit der Erzieherin, vergleicht sie mit ihrer, klappt die eine Ecke nach vorn, eine nach hinten. Sie sagt:»Christopher, bei mir ist was ganz Komisches. Da guckt eine Ecke raus.« Sie steht auf, geht zur Erzieherin, zeigt es ihr, geht zurück und setzt sich.	C. ist eher fertig als andere Kinder; Langeweile; sucht sich andere Beschäftigung. Selbständig, setzt sich mit ihrer Arbeit auseinander; sachliche Einstellung, selbstkritisch. Gibt sich Mühe, alles richtig zu machen.
10.10 Uhr	C. Sagt zu Christopher:»Du hast das so breit gemacht. Ich krieg das auf.« Sie nimmt Christophers Arbeit, sieht sich um, sagt:»Hier hab´ ich so Dinger.« Sie hält einen Faden hoch und steht auf; sie nimmt sich eine Nadel, teilt die anderen aus, geht auf Ihren Platz zurück, hat dabei Kinder vergessen. Sie steckt die Nadel in das Hütchen, nimmt sie wieder heraus, steckt sie wieder in das Hütchen. Sagt:»Bei mir ist ja ein Loch da.«	Aufgeschlossen; kümmert sich um die Arbeit der anderen; hilfsbereit; weiß, wie man eine Nadel anfasst; noch keinen Überblick über die Gruppe.
10.15 Uhr	C. zur Erzieherin:»Wie wird das gemacht?« C. nimmt ihr Hütchen, legt es wieder hin. Dann steckt sie den Faden in den Mund und versucht ihn einzufädeln. Zur Erzieherin:»Jetzt braucht man nur noch festbinden ... ich hab´s schon reingefädelt, ich hab´s schon.« Sie knotet den Faden zweimal. Sie zeigt es den anderen und spielt dann damit. Sie probiert, die Kugel in	Bei dieser Schwierigkeit wendet sie sich sofort an die Erzieherin; sie hätte es wohl lieber allein gekonnt; sie möchte zeigen, dass sie es kann.

Uhrzeit	Beobachtung	Deutung
	den Becher zu bekommen. Als dies nicht sofort gelingt, hilft sie mit der Hand nach. »Schon drinne«, sagt sie und nimmt die Kugel wieder heraus. Sie sammelt die Unterlagen von drei Kindern ein, legt sie aber wieder zurück.	C. möchte es gerne können und hilft deshalb nach.
10.20 Uhr	C. spielt mit dem Becher und sagt zur Erzieherin: »Ich hab´s geschafft.« Sie geht aus der Tür, kommt wieder herein und sagt: »Hab ein Hütchen«, nimmt es vom Kopf, setzt es wieder auf.« C. wird von einem anderen Kind beschuldigt, etwas beschädigt zu haben und verteidigt sich. Sie spielt wieder mit dem Fangspiel, setzt es auf den Kopf und wieder ab …	

Beurteilung

Christiane muss bei der Faltarbeit sehr viel umdenken und mit räumlichen Begriffen umgehen. Sie fasst die Aufgaben sofort auf und setzt sie auf dem Blatt um. Jeden Faltvorgang führt sie genau nach vorgeschriebener Weise aus. Sie ist bemüht, immer alles richtig zu machen. Die Leistung dabei ist gut. Christiane ist selbständig und hilft sich selbst, wenn sie kann. Sie hat schon eine gewisse sachliche Einstellung zu ihrer Arbeit und übt daran Selbstkritik. Christiane ist aufgeschlossen und hilfsbereit anderen Kindern gegenüber. Sie hat ein gutes Verhältnis zur Erzieherin.

Sie macht einen selbstbewussten, ausgeglichenen und unbeschwerten Eindruck.

Christiane ist als schulreif anzusehen, da sie selbstkritisch und sorgfältig arbeitet. Sie kann schon in der Gemeinschaft eine ihr gestellte Aufgabe ausführen und geht dabei planvoll vor. Christiane besitzt Leistungswillen und eine gute Beziehung zu gleichaltrigen.

Beispiel 2: Michael

Alter zum Zeitpunkt der Beobachtung: 4,2 Jahre
Anlass: Gelegentlich beobachtete Spielunfähigkeit und Antriebsschwäche.
Beobachtungszeitraum: 06. Mai - 03. Juni 2002.

1. Beobachtung (06. Mai 2002).
Beobachtungssituation: auf dem Spielplatz des Kindergartens.

Zeit: 11.15 - 11.40 Uhr.

Michael (M.) hilft den anderen Kindern beim Hinaustragen der Sandspiel-geräte. Während die anderen schon zur Sandkiste gehen, bleibt er stehen, läuft dann langsam hinterher. M. schaut zu, wie die Kinder Schaufeln, Eimer u.a. aus der Materialkiste herausnehmen. Er spielt am Reißverschluss seiner Jacke herum, schaut den Kindern wieder zu. Niels gibt ihm eine Schaufel. Sie gehen gemeinsam zur abseits gelegenen, unbesetzten Sandkiste an der Wand. Beide fangen an, ein Loch zu buddeln – jeder für sich. Niels schüttet seines wieder zu. M. das seinige auch, trampelt es mit den Füssen fest. Er schaut, was Niels macht. Dieser läuft weg. M. gräbt allein ein kleines Loch, läuft dann in Richtung Niels. Auf halbem Weg bleibt er stehen. Die Erzieherin kommt, nimmt ihn hoch, setzt ihn wieder ab. Sie schließt ihm die Jacke und wendet sich wieder ab. M. Schaut erneut den anderen Kindern beim Spielen zu. Er scharrt mit den Füssen Sand auf einen Haufen. M. geht zu Niels hin, der sich jedoch von ihm abwendet. M. schaut anderen Kindern beim Spielen zu. Ein Kind stößt ihn mit der Schaufel an. M. weicht zurück. Er setzt sich in die Hocke und drückt mit den Händen den Sand unter sich fest. Er schaut einem anderen Kind beim Spielen zu und drückt seine Finger in einen vom anderen Kind gebildeten Sandhaufen. Dieses sagt:»Nein! Lass das. Geh weg!« M. weicht wortlos zurück, geht in die Nähe von Niels, schaut anderen wieder beim Spielen zu. Ein Kind stellt einen mit Sand gefüllten Eimer vor M. Er drückt mit dem Zeigefinger in den Sand, zieht ihn gleich wieder zurück. M. schaut wieder den anderen zu. Während der gesamten Beobachtungszeit spricht M. kein Wort.

2. Beobachtung (14. Mai 2002).
Beobachtungssituation: auf dem Spielplatz des Kindergartens.

Zeit: 11.50 - 12.20 Uhr.

Die Kinder haben Aufstellung an der Ausgangstür genommen. M. hangelt am Geländer und läuft dann im Strom mit den anderen Kindern nach draußen, bleibt eine Weile zuschauend vor dem Holzhaus stehen, in das die anderen Kinder bereits gegangen sind. M. geht auch hinein bis zur Rückwand. Als die anderen Kinder hinausgehen , bleibt er noch einen Moment drinnen, geht dann an der Seite hinaus, bleibt allein abseits stehen, schaut den anderen wieder zu, spielt am Kragen seiner Jacke herum. Er schaut den Kindern im Haus zu. Geht wieder in das Holzhaus hinein, bleibt in einer Ecke stehen, kommt wieder heraus. Er läuft zu Niels, wechselt einige Worte mit ihm. Niels geht weg. M. schaut den anderen Kindern zu, läuft dann Niels zur Sandkiste nach und steigt kommentarlos über die Sandhaufen anderer Kinder. Er schaut anderen Kindern zu, zertritt Sandhaufen und imitiert dabei andere Kinder. Er läuft zu einer Gruppe mit einem weinenden Kind. M. läuft Hendrik nach zum Klettergerüst, versucht raufzusteigen. Es gelingt ihm nicht, er lässt ab, lehnt sich mit dem Rücken an einen Baum. M. schaut anderen Kindern an der Schaukel zu. Niels ist zu M. gekommen. Sie springen zwischen zwei Bäumen hin und her. M. singt:»Lalala...«. Niels geht weg. M. steht noch am Baum, spielt an seiner Jacke herum, geht zur Rutsche, schaut Kindern zu. Er geht jetzt wieder Richtung Sandkiste, mischt sich in ein Gerangel zwischen Roland und Niels ein. M. will Roland wegdrücken. M. macht verschiedene Ansätze und bedroht ihn mit der Hand wie mit einer Pistole. Andere Kinder mischen sich ein. Es kommt zur Verfolgung. M. freut sich, lacht, wird gefangen, kommt ins Holzhaus, dass den Kindern als »Gefängnis« dient. M. sitzt zwei, drei Minuten im Holzhaus, verlässt es, geht zur Rutsche. Schaut den Kindern beim Rutschen zu, geht dann wieder zum Holzhaus, hängt sich mit den Armen ans Holzhaus, lächelt. Niels kommt hinzu. M. will ihm den Reißverschluss an dessen Jacke schließen. Niels stößt ihn weg.

Während des Spielens hatte M. häufig die Hände entweder in den Taschen oder er fasste seine Jacke an und spielte an ihr herum.

3. Beobachtung (03. Juni 2002).
Beobachtungssituation: im Turnraum des Kindergartens während einer gezielten Beschäftigung zum Thema Verkehrserziehung durch eine Erzieher-Praktikantin.

Zeit: 11.13 - 11.35 Uhr.

Michael hört bei der Vorstellung der Praktikantin aufmerksam zu. Er sitzt dabei am Ende der Bank und lächelt. M. steckt einen Finger in den Mund und hüpft auf dem Hinterteil auf der Bank umher. Er hört wieder zu, dann schaut er sich im Raum um. Bei einer von der Praktikantin durchgeführten Demonstration schaut er zu. M. wird von der Praktikantin gerufen, um an einem simulierten Zebrastreifen über die Strasse zu gehen. Er stellt sich an die bezeichnete Stelle, reagiert jedoch nicht weiter auf die Anfrage der Praktikantin. Er schließt sich beim Überqueren der Strasse einem anderen Kind an, das neben ihm steht. M. versucht sich anschließend neben Niels in die Bank zu drücken. Es gelingt ihm nicht. Er sitzt wieder am Ende der Bank, spielt mit den Fingern an seiner Unterlippe herum. M. hört wieder der Praktikantin zu und schaut, was mit den anderen Kindern passiert. Er läuft im Strom mit anderen Kindern mit und spielt »Auto«. Beim anschließenden Setzen auf die Bank, versucht er wieder, sich neben Niels zu drücken; dieses Mal mit Erfolg. M. fährt daraufhin wieder mit den anderen Kindern im Strom Auto und macht »brmmm,brmmm«. Beim auf die Bank setzen spielt er mit Niels und Roland gegenseitiges Drücken. Er hört nicht auf die Mahnung der Praktikantin und wird daraufhin von ihr hingesetzt. M. spielt mit den Händen auf der Bank, mit den Lippen, dem Mund...

Auswertung der 3 Beobachtungsprotokolle über Michael

Michael zeigt wenig Eigeninitiative und nur bedingt Motivationsfreude. Aufgrund seiner Kontaktschwächen befindet er sich oft in isolierter Position. Seine Kontaktaufnahme ist stark auf Niels, den Freund seines Bruders, fixiert, was letztlich auf Michaels Bindungsbereitschaft schließen lässt. Sein Spiel ist vorrangig Alleinspiel. Er zeigt jedoch kooperative Ansätze. M. hat Schwierigkeiten, sich verbal durchzusetzen, eher reaktiv. Kooperationsbereitschaft lässt sich bei M. beobachten. Er hat jedoch Kommunikationsprobleme. Diese zeigen sich im Nichteinbringen seiner Wünsche und Bedürfnisse. Michael zeigt wenig Selbstvertrauen und Selbstbewusstsein. Er sucht Anlehnung und Sicherheit bei Nils, für den er sich auch solidarisch einzusetzen vermag, was Hilfsbereitschaft signalisiert.
Michael zeigt sich offen für seine Umwelt, wenn auch sein Interesse oft nur kurzfristig ist. Er lässt sich durch neue Ereignisse leicht ablenken. Seine Konzentrationsfähigkeit ist eingeschränkt. M. ist in der Lage seine Freude am gemeinsamen Tätigsein mit anderen, vor allem wenn es sich um motorische Aktivitäten handelt, über Mimik und Gestik auszudrücken. Bei kognitiven Aufgabenstellungen wirkt er eher passiv. M. zeigt noch Defizite in der Ich-, Sach- und Sozialkompetenz.

Beispiel 3: Sarah

Alter zum Zeitpunkt der Beobachtung: 5,7 Jahre.
Beobachtungssituation: Gruppenraum im Kindergarten. Sarah beim Malen.
Die Kinder haben vor sich ein Blatt Papier mit einem aufgeklebten,
gebastelten Papierdrachen. Daran befindet sich ein gemalter Schwanz, an
den die Kinder Fähnchen malen.
Die Beobachtung fand zwischen 09.05 und 10.42 Uhr statt.

Uhrzeit	Beobachtung	Deutung
09.00 Uhr	Sarah malt langsam und sorgfältig die Fähnchen an den Schwanz. Nach jedem 3. Fähnchen zählt sie, wie viele sie schon gemalt hat. Ein anderes Kind, das mit der gleichen Technik ein Kalenderblatt verziert, hat mehr Fähnchen als Sarah.	Konzentriert.
	Daraufhin ruft Sarah:»Du hast ja auch viel früher angefangen.«	Konkurriert mit anderen Kindern.
	Das Kind Jonas malt mit einem hellroten Stift auf seinem roten Drachen Mund und Nase ein. Man kann nicht viel erkennen. Sarah bemerkt dies und sagt:»Nimm den Stift, der ist heller... der ist heller.«	
	Der Stift ist allerdings dunkler als der, den Jonas vorher hatte. Mund und Nase kann man jetzt aber erkennen, nachdem Jonas den von Sarah gezeigten Stift benutzt hat.	Nimmt ihre Umgebung gut wahr; ist hilfsbereit; Begriffe »hell« und »dunkel« sind unklar.
	Sarah malt die letzte Schleife, die größer und unförmiger wird als die anderen Schleifen ihres Bildes.	S. ist aufgeregt bei Bildende.
	Jonas zeigt sein Bild der Erzieherin, die ihn angeregt hat, vielleicht noch Rasen, Blumen und sich selbst in das Bild zu malen. Sarah hat diese Anregung auch gehört und beginnt zu malen.	Ahmt nach.

Uhrzeit	Beobachtung	Deutung
10.05 Uhr	Sarah sagt zu einer Erzieher-Prakti-kantin:»Jonas und ich haben geheiratet. Weil... wir können richtig heiraten. Aber Pia und ich können nicht heiraten.« Praktikantin:»Warum nicht?« Sarah:»Weil wir zwei Mädchen sind.« Sarah malt an ihrem Männchen. Sie hat mit einem dunklen Stift vorgezeichnet und malt jetzt mit bunten Stiften aus. Beim Bauch zwischen den Beinen malt sie über die Linie hinaus. Sie ruft:»Das ist der Pillermann!«	S. macht auf sich aufmerk-sam; hat einen Freund. Ist informiert, macht sich Gedanken. Etwas albern.
	Als kein Kind darauf reagiert, sagt sie zu einem Jungen:»Du bist ein Bummelmann.« Die Praktikantin hatte diesen Jungen gerade gefragt, warum er so langsam wäre. Jonas geht in die Puppenecke. Nach einer Pause, in der Sarah nur gemalt hat, sagt sie zu den anderen Kindern:»Jonas ist der Stärkste der Welt. Der hat den Tisch mit einem Fingertick kaputt gehauen.« Jonas ruft nach Sarah. Diese malt im Stehen weiter und ruft:»Ich komme!« und rennt los. Sie legt das Blatt in eine Schub-lade und verschwindet in der Puppenecke.	Spielt sich auf (Konkurrenz). S. ist stolz auf ihren Freund. Aufgeregt bei Bildende.
10.30 Uhr	Sarah und Jonas spielen allein in der Puppenecke abwechselnd mit Handpuppen oder »Doktor«. Sarah streift eine Handpuppe über und sagt:»Das ist Räuber Hotzen-plotz.«	Können sich allein be-schäftigen.

Uhrzeit	Beobachtung	Deutung
	Die beiden hocken an den Spiel-telefonen und nehmen die Hörer ab. Jonas:»Hallo, Herr Räuber Hotzen-plotz.« Darauf Sarah:»Tschüss. Jetzt ist Schluss mit dem Theater.« Sarah und Jonas spielen Doktor. Diesmal ist Sarah die Patientin. Jonas instrumentiert mit dem Inhalt des Doktor-Koffers an Sarah herum. Sie wechseln noch einmal die Rollen und beenden ihr Spiel um 10.42 Uhr.	Zeigen Fantasie und setzen Spielende. Rollenwechsel.

Beurteilung

Sarah verwendet beim Malen ihres Bildes Sorgfalt, verliert jedoch am Ende ihres Bildes an Konzentration und ist ablenkbar.

Sarah teilt sich und ihre Bedürfnisse nachhaltig mit, lässt ihren Mitspielern allerdings auch Raum zur freien Entscheidung. Im Spiel übernimmt sie sowohl die Rolle der Mitspielerin als auch der Spielführerin. Sie erscheint kooperativ und sehr kommunikationsfreudig. Im Spiel mit Jonas scheint sie sich gut beschäftigen zu können. Sarah spricht deutlich und in grammatikalisch richtigen Sätzen. Sie ist lebendig, selbstbewusst und etwas vorlaut, wach und insgesamt fröhlich und aufgeschlossen.

Fragestellungen:

Welchen Eindruck hatten Sie beim Durchlesen der einzelnen Beobachtungsprotokolle? Gelang es den Autorinnen klar zwischen reiner Beobachtungswiedergabe und Deutung zu trennen? Wären Sie aufgrund der Verhaltensbeschreibung der Kinder zu anderen Ergebnissen bzw. Beurteilungen gekommen?

9. Handeln – pädagogische Konsequenzen – praktische Hilfen

Beobachtungen sind kein Selbstzweck, sondern eine wichtige Grundlage für erzieherisches Handeln. Sie führen zur Aufdeckung und Beschreibung von Verhaltensmustern. Diese *Diagnose* dient einer überlegten, zielgerichteten, also möglichst wirkungsvollen *Lösungsstrategie.*

Gleich, in welchem sozialpädagogischen Arbeitsfeld die Erzieherin tätig ist, je schneller es ihr gelingt, die Gesamtheit der Umstände für ein erfolgreiches Vorgehen zu erfassen und sie mit ihrem bisher erworbenen Fachwissen und Können zu verbinden, desto sorgfältiger wird die Entscheidung für die zweckmäßigste Methode und das erfolgversprechenste Erzieherverhalten sein.

Pädagogisches Handeln wird beeinflusst durch

- das Herstellen eines Beziehungsverhältnisses zwischen Erzieherin und Kind *(Beziehungsaspekt),*
- das gemeinsame Gespräch, Beratung, Anweisungen u.a.m. *(Informations- und Kommunikationsaspekt),*
- das Miteinanderleben und -arbeiten *(Interaktions- und Handlungsaspekt).*

Alle genannten Aspekte sind unmittelbar mit Beobachtungsabläufen und Verhaltensbeschreibungen verbunden.

Die Funktion der Erzieherin ist eine helfende und befähigende. Sie bedient sich sozialwissenschaftlicher Methoden, indem sie durch Beobachtung Fakten feststellt, analysiert und beurteilt. Sie stellt zweckbestimmte Beziehungen her und setzt bewusst ihre Erzieherpersönlichkeit ein. Dabei geht sie von einer Akzeptanz des Kindes aus, ohne sein gesamtes Verhalten zu akzeptieren. Der bekannte Grundsatz lautet: Anfangen wo die Gruppe steht.

Um Verhaltensänderungen beim einzelnen Kind und/oder bei der Gruppe zu bewirken, bringt sich die Erzieherin selbst ein, arbeitet mit gezielten Programmangeboten, macht Wechselwirkungen in der Gruppe deutlich und weckt Einsicht bei den Gruppenmitgliedern. Damit der einzelne nicht im Ganzen untergeht, ist es wichtig, dass sich das Kind als Individuum erfährt, als eigenständige Persönlichkeit, die einen Beitrag zum Ganzen leisten kann. Das Bewusstmachen von Wechselwirkungen kann beim Lösen von Konflikten helfen und Rollen innerhalb der Gruppe bewusst machen.

Pädagogisches Handeln auf der Grundlage von Beobachtungsergebnissen

- geht von der einzelnen Erzieherin aus,
- findet in Form kollegialer Beratung und Durchführung im Team statt,
- äußert sich in Angeboten, Maßnahmen, Hilfen und Therapien für Kinder und Jugendliche (Klienten),
- bedeutet partnerschaftliches Einbeziehen und Beraten von Eltern,
- kann die Hinzuziehung weiterer Fachleute und Institutionen (Ärzte, Therapeuten, Jugend-, Gesundheits- und Sozialamt) bedeuten.

Der Prozess geplanten erzieherischen Handelns lässt sich in *6 Schritten* darstellen:

Organisatorische und institutionelle Rahmenbedingungen
- Was ist der Anlass für mein Handeln?
- Benennung des Problems/der Aufgabenstellung
- Bin ich zuständig? Muss ich tätig werden? Wenn ja, welche institutionellen Rahmenbedingungen sind zu berücksichtigen? Wenn nein, an wen leite ich weiter bzw. delegiere ich?

Situationsbeschreibung, Problembenennung und -analyse
- Um welche Person bzw. Zielgruppe geht es?
- Liegen bereits Daten (z.b. Beobachtungsergebnisse) vor?
- Welche weiteren Informationsmöglichkeiten (z.b. Anamnese) Informationen von Eltern, Schule, anderen Institutionen) stehen mir zur Verfügung?
- Wie lässt sich das Problem/die Aufgabe aus meiner Sicht beschreiben?
- Was kann ich aufgrund meines Fachwissens und meiner eigenen Erfahrungen zu den vorliegenden Problemen/Aufgaben sagen?

Ziele
- Welche Ziele strebe ich an (z.b. Veränderung negativer Verhaltensweisen in der Häufigkeit, Intensität und Dauer ihres Auftretens)?
- Welche Ziele sind kurzfristig erreichbar, welche langfristig?
- Sind Prioritäten zu setzen?
- Welches sind die wichtigsten Teilziele?
- Mit welchen unbeabsichtigten Folgen muss unter Umständen gerechnet werden?

Formen der Einflussnahme
- Welche Formen der Einflussnahme direkter und indirekter Art stehen mir zur Verfügung (z.B. Änderung der Reizbedingungen, die negative Verhaltensweisen auslösen durch Umweltänderung)?
- Wen oder was muss ich mit einbeziehen (z.b. das Einverständnis des/der Betroffenen, der Eltern)?
- Über welche Spielräume und Ressourcen verfüge ich?
- Wie sieht der zeitliche Rahmen für mein Handeln und für die Erreichung meiner Ziele aus?

Durchführung
- Wie soll mein Vorgehen dokumentiert werden (Protokoll, Video-Aufzeichnung, Arbeitsbericht usw.)?
- Wie intensiv bin ich an der Durchführung beteiligt?
- Kann ich mein Vorgehen distanziert betrachten? Kann ich die Handlungsweise mit einer Kollegin reflektieren?

- Sollen Zwischenauswertungen stattfinden? Wann und auf welche Weise?

Auswertung / Evaluation
- Für welchen Zweck und für wen wird ausgewertet?
- Wurden die beabsichtigten Ziele erreicht?
- Gibt es ungeplante positive oder negative Nebenwirkungen?
- Steht der fachliche und sachliche Aufwand in angemessenem Verhältnis zum Nutzen?
- Wie sollen die Ergebnisse verwendet werden? Welche Konsequenzen ergeben sich für neue Planungen?

Einbeziehung der Eltern

Um Verhaltensänderungen bei einem Kind zu bewirken, ist es in vielen Fällen notwendig, die Eltern für das Vorhaben zu gewinnen. Eltern reagieren, wenn es sich um störende Verhaltensauffälligkeiten handelt, von ratlos, abweisend und entschuldigend bis ausgesprochen dankbar. Zu Abwehrmechanismen der Eltern kommt es meist, wenn sie Angriffe auf ihre erzieherische Befähigung vermuten. Diese Reaktionen sind verständlich. Deswegen sollte die Erzieherin die Eltern von vornherein als wichtige *Kooperationspartner* mit einbeziehen. Sie ist so in der Lage, auf Abwehrreaktionen einfühlend und angemessen zu reagieren. Umgangsformen und Stil der Erzieherin prägen wesentlich die Atmosphäre in der Begegnung mit Eltern. Wenn diese das Gefühl haben, dass ihnen die Erzieherin in einer positiven und konstruktiven Haltung gegenübertritt, sie in Sorge um deren Kind handelt und die Eltern um Mitarbeit nachsucht, werden sie sich in der Regel dem Anliegen der Erzieherin öffnen.

Eine auf partnerschaftliche Zusammenarbeit eingestellte Erzieherin, die ihre fachliche Überlegenheit nicht herauskehrt, sondern sie als Erfahrungsvorsprung im Gespräch nutzt, hilft Eltern am besten, notwendige Erkenntnisse und Einsichten zu gewinnen.

Gespräche zwischen Kindergarten und Elternhaus helfen bei der Schaffung einer offenen und vertrauensvollen Atmosphäre. Sie sollten stets hinreichend genutzt werden. Durch Gespräche lassen sich natürlich auch Vorurteile abbauen wie z.b. diese: »Erzieherinnen haben Angst vor den Eltern.« – »Erzieherinnen meinen, sie seien die besseren Mütter.« Oder: »Eltern sind die Sündenböcke der Erzieherinnen (und umgekehrt).«

Elterngespräch über Beobachtungsergebnisse

Wenn Sie im Beratungsgespräch Eltern über Ihre Beobachtungsergebnisse informieren wollen, halten Sie sich zu Beginn des Gesprächs erst einmal mit Wertungen zurück. Geben Sie sich freundlich und sachlich. Stellen Sie ihre eigenen Emotionen oder Aggressionen (zum beobachteten und besprochenen Kind) zurück. Signalisieren Sie echtes Interesse an dem Gespräch und sagen Sie, dass ausreichend Zeit für das Gespräch vorhanden ist.

Auch Negatives lässt sich positiv widerspiegeln. Sie verhindern so das Abblocken durch die Eltern. Zeigen Sie Interesse am sozialen Geschehen des Kindes auch außerhalb des Kindergartens. So erfahren Sie mehr über den familiären Hintergrund. Machen Sie Verhaltensweisen des Kindes durch Erklärungen einsichtig. Verwenden Sie dabei »Ich-Botschaften«. Am Besten versuchen Sie ein Gleichgewicht zwischen Nähe und Distanz herzustellen, das den Eltern Verständnis signalisiert, ohne zu vereinnahmen oder zu bevormunden.

Nach dem optimalen Sammeln von Daten (Beobachtungsergebnissen der Erzieherin und abgegebenen Elterninformationen) können Sie mögliche Handlungsansätze bzw. Lösungsstrategien aufzeigen. Bieten Sie keine zwingenden Lösungen an. Meist ist es besser, gemeinsam mit den Eltern Lösungswege zu suchen.

Das Gespräch sollte nicht abrupt abgebrochen werden, sondern langsam ausklingen.

Im Erzieherteam

Hat die Erzieherin es mit einem besonders schwierigen Kind in ihrer Gruppe zu tun, schon so gut wie alles ausprobiert und weiß wirklich nicht mehr weiter, dann wird es höchste Zeit für ein kollegiales Gespräch im Team. Es ist zu klären, ob das Kind aufgrund seines Verhaltens in der Gruppe noch tragbar ist, zumal schon die Eltern der anderen Kinder unruhig werden. Auch ist zu klären, inwieweit eine andere Kollegin unterstützend wirken kann oder nach einem Gespräch mit den Eltern das Kind in eine andere Gruppe kommen soll, oder ob eine *Therapie*, eine *Sondereinrichtung* oder eine *Erziehungsberatung* vonnöten wäre. Für eine gewisse Zeit könnte eine Kollegin das Kind in ihre Gruppe nehmen. Vielleicht gelingt es ihr besser, das Kind in die Gruppe zu integrieren. Ihre Beobachtungen über das Kind können auf jeden Fall hilfreich sein.

Wie letztlich die Erzieherin auf größere Probleme reagiert und ob sie sich zutraut mit ihnen allein fertig zu werden, hängt von ihren eigenen Möglichkeiten ab, nicht zuletzt von ihrer Kompetenz mit Kolleginnen und Eltern zusammen zu arbeiten.

Wenn die eigenen pädagogischen Möglichkeiten eines Kindergartens oder Hortes ausgeschöpft sind, bieten die Kindergartenträger in Problemfällen Hilfen durch *Fachberater* an. Sie haben die Aufgabe, das pädagogische Personal bei ihrer Arbeit zu beraten. Wo diese Berater nicht selbst helfend eingreifen wollen, können sie jedoch Hinweise geben, wie mit dem Problem des Kindes besser umzugehen ist.

Ärzte, Psychologen und Therapeuten

Eine Erzieherin hat in der vergangenen Zeit bei einem fünfjährigen Jungen aus ihrer Gruppe eine Reihe von Verhaltensauffälligkeiten festgestellt:

Der Junge verhält sich unruhig, zappelig, unaufmerksam, unkontrolliert und ist leicht ablenkbar. Zudem zeigt er mangelnde Ausdauer im Spiel und bei Beschäftigungen. Er kann kaum längere Zeit auf einem Stuhl sitzen bleiben, ohne umher zu rutschen und muss ständig etwas in den Händen haben. Der Junge hat eine geringe Frustrationstoleranz. Er ist aggressiv, indem er andere Kinder schlägt, kratzt und tritt, deren Spielzeuge zerstört und ihre beim Malen und Gestalten entstandenen Werke kaputtmacht. Wiederholt hat die Erzieherin auch beobachtet, dass er eigene Arbeits- und Spielergebnisse zerstört.

Im Gespräch mit Kolleginnen kommt man zu dem Eindruck, es handele sich hier womöglich um *Hyperaktivität* bzw. das *Aufmerksamkeitsdefizitsyndrom (ADS)*, die wohl am häufigsten diagnostizierte psychische Störung bei Kindern unserer Zeit. Da hyperkinetische Kinder wegen der Unterschiedlichkeit der kindlichen Erscheinungsformen schwer einzuordnen sind, müssen zu einer genauen Diagnose neben den Eltern in jedem Fall der behandelnde Kinder- bzw. Hausarzt hinzugezogen werden. Das grundlegende Erscheinungsbild der Hyperkinese scheint die *Aktivitäts- und Aufmerksamkeitsstörung* zu sein. Oft treten in der Verbindung mit Aufmerksamkeitsstörungen auch Disziplinlosigkeit, Nichteinhalten von Absprachen und Regeln sowie Aggressivität auf. Um Kinder nicht zu schnell »einzusortieren«, müssen medizinische und psychologische Fachleute hinzugezogen werden, schon um die Gefahr nichterkannter und -behandelter organischer Schäden auszuschließen, die zur Grundlage komplizierten Fehlverhaltens werden.

Richtiges erzieherisches Handeln bedeutet, den Eltern Wege aufzuzeigen, die über die pädagogische Arbeit der Erzieherin weit hinaus gehen. Der Arzt kann für das Kind eine Überweisung zu einem Facharzt für Kinder- und Jugendpsychiatrie, einem Psychotherapeuten oder Psychagogen ausstellen. Dieser legt der Krankenkasse einen Behandlungsplan vor. Dies gilt insbesondere, wenn die Störung einen *Krankheitswert* hat, wie es bei der Hyperkinese der Fall ist. Die Elterliche Krankenkasse übernimmt daneben die Behandlungskosten.

Erziehungsberatungsstellen

Viele Jugendämter unterhalten *Erziehungsberatungsstellen* als offenes Angebot für die Familien, die sich bei Erziehungsproblemen fachkundig beraten lassen möchten. Neben der Diagnose von Störungen gibt es in den meisten Beratungsstellen ein Angebot für die ganze Familie. Bei Kindergartenkindern wird oft auch die Zusammenarbeit mit der Erzieherin gesucht.

Erziehungsberatungsstellen arbeiten für die Betroffenen kostenlos. Die dort tätigen Therapeuten unterliegen der Schweigepflicht. Die Sprechstunden dieser Einrichtungen sind über die Stadt- bzw. Kreisjugendämter zu erfahren.

Familienhilfe

Zu den Aufgaben der Sozialämter gehört u.a. die Familienfürsorge. Für Familienprobleme gibt es verschiedene Hilfsangebote, auf die in bestimmten Situationen ein Anspruch besteht. Neben finanziellen Hilfen ist besonders die Möglichkeit der *Familienhilfe* zu erwähnen. Dabei wird ein *Familienhelfer* in die Familie geschickt, der praktische Hilfe im Haushalt leistet. Auch die Hilfe in der Kindererziehung, z.B. bei den Schulaufgaben, kann hierzu gehören.

Familienhelfer sind nicht therapeutisch ausgebildet, dennoch wirkt ihre entlastende Funktion in diesem Sinne.

Hilfen für behinderte Kinder

Für »seelisch wesentlich Behinderte« können heilpädagogische Behandlungen übernommen werden. Ansprechpartner sind in diesem Fall die Gesundheitsämter. Dazu gehört auch die Klärung der Kostenübernahme für eine therapeutische Behandlung oder für einen Sonder-Kindergarten.

Als gemeinsames Ziel von Erzieherin, Therapeut und Eltern ist die Rehabilitation des behinderten Kindes zu nennen. Erzieherische Interventionen lassen sich nur theoretisch von verhaltenstherapeutischen Maßnahmen trennen. Deshalb kommt es zwangsläufig zu einer Zusammenarbeit. Die Erzieherin wird ihre therapeutischen Kenntnisse mehr auf der Anwendungsebene einsetzen, während der Therapeut die Informationen, die er über die Erziehungssituation erhält, für seine Analyse- und Planungstätigkeit benötigt. Leider verläuft die Zusammenarbeit in der Praxis nicht immer so partnerschaftlich ergänzend, wie es sein sollte. Nicht selten ist die akademische Vorbildung des Therapeuten ein Grund dafür. Sie drängt ihn in die Rolle, dass er es »besser weiß« als die Erzieherin, was auf die Effektivität der Zusammenarbeit sehr hemmend sein kann. *Er weiß es nicht besser, aber er weiß etwas anderes.* Mit seinen Kenntnissen allein wäre er in der Erziehungssituation recht hilflos. Eine Zusammenarbeit ist erst gewinnbringend, wenn derartige Vorurteile abgebaut sind und jeder Partner mit seinen unterschiedlichen Kompetenzen soviel Selbstbewusstsein hat, sich vom anderen in Frage stellen zu lassen.

In jedem Fall ist genau zu prüfen, welchen Eingriff bestimmte Hilfen in die Biografie eines Kindes vornehmen. Auch im Jahr 2003 sind bestimmte Forderungen noch immer nicht in wünschenswerter Weise von den kommunalen Trägern erfüllt worden: bessere Personalausstattung, zusätzliche Qualifikationen für Erzieherinnen, um mit therapeutisch Tätigen enger zusammenarbeiten zu können, geringere Gruppengrößen in den Kindergärten und Kostenfreiheit bei Therapiemaßnahmen für die Eltern.

Zusammenfassung

- Beobachtungen sind die Grundlage für pädagogisches Handeln. Dieses wird beeinflusst durch Beziehungs-, Kommunikations- und Interaktionsaspekte.

- Erzieherisches Handeln ist verbunden mit: organisatorischen Rahmenbedingungen, Problembenennung und -analyse, Zielsetzung, Formen der Einflussnahme, Durchführung und Auswertung (Evaluation).

- Um Verhaltensänderungen bei Kindern zu bewirken, sind die Eltern von vornherein als wichtige Kooperationspartner mit einzubeziehen.

- Wenn die eigenen erzieherischen Möglichkeiten auf Grenzen stoßen, Kontakt zu Fachberatern aufnehmen und Eltern Wege zu Ansprechpartnern mit fachspezifischen Kenntnissen (Ärzte, Psychologen, Therapeuten, Erziehungsberatern) aufzeigen.

Anregungen

- Welche Beobachtungen an Kindern veranlassen Sie zu unmittelbarem Handeln und wo ist es sinnvoll, sich zurück zu halten und abzuwarten?

- Welche Formen erzieherischer Einflussnahme haben Sie bei einem hyperaktiven Kind? Wie gehen Sie bei zu beobachtenden Überreaktionen des Kindes vor? Welcher Strategien bedienen Sie sich?

10. Übungsvorschläge zur Verbesserung der Beobachtungs-, Deutungs- und Beurteilungsfähigkeit

Neben konkreten Beobachtungsübungen in einer Kinder oder Jugendgruppe, können wir unsere Beobachtungsfähigkeit auch allein und in der Studiengruppe mit Kolleginnen und Kollegen trainieren. Bei den folgenden 15 Übungsvorschlägen geht es um die Verbesserung in vier übergreifenden Fähigkeitsbereichen:

- Steigerung der Wahrnehmung und gezielte Beobachtung des anderen.
- Bewusstes Wahrnehmen von Situationen.
- Speichern sozialer Reize.
- Reflexion und sozial wirkungsvolles Handeln.

Mit Hilfe der Übungen und Trainingsformen kommt es u.a. zu Interaktionen, die zur Diagnose des eigenen und fremden Verhaltens führen. Dabei lassen sich Verhaltensmöglichkeiten erkennen, einüben und als verändertes Verhalten ins Verhaltensrepertoire einbauen und im Alltag praktizieren.

Die Übungen in diesem Buch möchten Sie anregen, sich jedem Beobachtungsgegenstand unter einer vorbedachten Fragestellung zu nähern.

Nach jeder Beobachtungsübung in der Gruppe sollten die verschiedenen Erfahrungen ausgetauscht werden. Die uralte Weisheit, dass Übung den Meister bzw. die Meisterin mache, trifft auch für das gezielte Beobachten zu. Mit zunehmender Übung schalten wir grobe Beobachtungsfehler aus und steigern unsere Beobachtungsfähigkeit. Es handelt sich um Übungen, die Sie allein (A) und/oder in der Gruppe (G) durchführen können.

Gesichter beschreiben (G)

Setzen Sie sich einer Kollegin in nicht zu großem Abstand gegenüber, schauen Sie sich ihr Gesicht genau an und schreiben Sie auf, was Sie sehen. Versuchen Sie so genau wie möglich die Einzelheiten im Gesicht Ihres Gegenübers zu beschreiben.

Gesichtsausdruck (A)

Sie sitzen vor einem Spiegel und schauspielern: das traurige, ärgerliche, misstrauische, fröhliche Gesicht. Halten Sie schriftlich fest, was Sie im Einzelfall verändern müssen, um den gewünschten Effekt zu erzielen: Stirn, Blick, Nase, Mund usw. Welche Details entdecken Sie bei anderen Menschen?

Rückmeldungen zu Eindrücken (G)

Trainieren Sie Ihre Beobachtungsfähigkeit, indem Sie sich Rückmeldungen zu Ihren Eindrücken geben lassen. Formulieren Sie deutlich, wie Sie sprachlich und nichtsprachlich geäußerte Gefühle, Empfindungen, Absichten und Stimmungen des anderen empfunden haben. Dies ist zunächst in der Familie und unter guten Freunden am einfachsten, aber auch in der Fachschule unter Kolleginnen/Schülerinnen. Geben Sie ehrliche und deutliche Hinweise auf Ihre Reaktionen, Gefühle, Absichten und Meinungen. Sie erreichen damit ähnliches Verhalten bei den anderen und räumen unter Umständen Missverständnisse aus.

Äußere Erscheinung (A/G)

Tag für Tag begegnen wir in der Stadt fremden Menschen, sitzen ihnen in öffentlichen Verkehrsmitteln oder im Restaurant gegenüber. Was unterscheidet sie äußerlich? Welche Einzelheiten haben wir registriert?

Nehmen Sie sich einmal vor, das Äußere von zwei Fremden zu beobachten. Halten Sie das Beobachtete schriftlich fest. Vergleichen Sie die beiden Personen miteinander.

Körperhaltungen (A)

Personen betreten in einer bestimmten Haltung einen Versammlungsraum, ein Klassenzimmer, Büro, ein Lokal, einen Kindergarten. Sie gewinnen einen ersten Eindruck und bilden sich unmittelbar über die jeweilige Person ein Urteil. Ist es ein Vorurteil? Werden Sie sich korrigieren müssen?

Bringen Sie Ihren Ersteindruck zu Papier und legen Sie dieses zunächst beiseite. Sollten Sie die Möglichkeit zum näheren Kennenlernen haben, schauen Sie sich erneut Ihre Niederschrift an, um Ihren Ersteindruck bestätigt zu finden oder entsprechend zu korrigieren.

Sprachverhalten (G)

Jeder spricht auf seine persönliche Art. Die Sprache und Sprechweise unserer Mitmenschen hinterlässt einen besonderen Eindruck bei uns. Nicht selten führt sie zur Bildung von (Vor-)Urteilen über den anderen. Für diese Übung eignet sich jeder Teilnehmer ein bestimmtes Sprachverhalten an, wozu vorbereitete Zettel gezogen werden, mit deren Hilfe jedem Teilnehmer ein bestimmtes Sprachverhalten vorgegeben wird:

- überheblich
- fanatisch
- albern
- ironisch

- abwertend
- zerstreut
- schüchtern

- aggressiv
- weinerlich
- gewöhnlich

Die Teilnehmer einigen sich auf ein nicht-teilnehmer-bezogenes Thema, über das sie etwa 10 Minuten diskutieren – und zwar jeder konsequent in dem ihm vorgegebenen Sprachverhalten. Am Ende der »Gesprächsrunde« unterhalten sich die Teilnehmer darüber, wie sie die unterschiedlichen Sprachrollen bei sich und den anderen erlebt und was sie im Verlauf der Diskussion beobachtet haben (z.b. Mimik, Gestik, Dominanz, Zurückhaltung). Welche Gefühle löste das jeweilige Sprachverhalten in der Teilnehmerrunde aus?

Gestik (G)

Wir stellen in der Gruppe pantomimisch verschiedene Rollen dar: Berufe, Zustände, Erlebnisse. Die Zuschauer haben zunächst die Aufgabe, das Gestenspiel zu erraten. Was meint der andere? Was will er ausdrücken?

Anschließend werden die verschiedenen Gesten mit Worten beschrieben.

Vertiefungsgespräch: Welche Gesten werden von bekannten Politikern bevorzugt, um ihren Worten Ausdruck zu verleihen?

Ängste (A/G)

Äußerer und innerer Druck kann Ängste erzeugen und das Verhalten verändern. Was könnte jemand an Ihnen beobachten: in einer besonderen Stresssituation, vor einer wichtigen Prüfung, angesichts einer Fülle ungelöster Aufgaben, bei scheinbarer Ausweglosigkeit? Versuchen Sie, passende Begriffe dem Befinden zuzuordnen. Woran kann man sie erkennen? Wie lassen sie sich beschreiben?

Beobachten ohne zu interpretieren (G)

Der Gruppe liegen mehrere gleiche Fotos aus Illustrierten vor, auf denen eine beliebige Szene zu sehen ist. Nachdem sich jeder für etwa fünf Minuten das Illustriertenbild angesehen hat, werden diese beiseite gelegt und jeder schreibt für sich auf, was er behalten hat. Wahrscheinlich hat jeder recht unterschiedliche Dinge gesehen oder bereits manches in die Situation hineingedeutet.

Das Aufgeschriebene wird miteinander und mit dem Bild verglichen. Um die Beschreibungen zu präzisieren, sollte diese Übung öfter wiederholt werden.

Die Art und Weise, wie es zu Interpretationen (Deutungen) kommt und wie sie formuliert werden, kann sehr aufschlussreich sein.

Einfühlungsvermögen entwickeln (G)

In der Gruppe betrachten wir gemeinsam ein größeres Bild, auf dem mehrere Personen dargestellt sind. Kann für jede einzelne Person nachempfunden und gesagt werden, was sie möglicherweise fühlt und empfindet? Welche Beziehungen der Personen könnten zueinander bestehen? Die Teilnehmer können auch den abgebildeten Personen Worte in den Mund legen, die ihren Gemütszustand wiederspiegeln könnten. Eine Übung, die sich an das Einfühlungsvermögen wendet.

Beurteilen (G)

Bei dieser Übung werden zu Illustriertenfotos bzw. Zeitungsausschnitten Kurzkommentare verfasst, die urteilende Stellungnahmen enthalten. Jeder Betrachter soll sich ein eigenes Urteil bilden und dieses in Form eines kleinen Kommentars wiedergeben. Die abgegebenen Kommentare werden in der Gruppe sorgfältig analysiert und reflektiert.

Biographie (A)

Entwickeln Sie einen Fragebogen, in den Sie möglichst viele Daten und Informationen über Ihre eigene Erziehung und deren sichtbare Wirkungen eintragen. Dazu gehören z.b. Fragen wie: Soziale Stellung der Familie? Wohn- und Lebensverhältnisse? Wer nahm auf Ihre Erziehung besonderen Einfluss? Einzelkind? Geschwisterrolle? Besonderheiten? Verhaltensauffälligkeiten? Krankheiten? Waren Sie besonderen Belastungen in der Familie ausgesetzt? Freunde? Schule? Beruf? Hobbys? Gab es Leitbilder? Lebenspläne?

Die Beantwortung dieser und weiterer Fragen zu Ihrer eigenen Biografie (Anamnese) kann für Sie persönlich von diagnostischem Nutzen sein und Ihren Beobachterblick für andere schärfen.

Die 24-Stunden-Erlebnisanalyse (A/G)

Diese interessante Übung hat meine Schülerinnen immer wieder verblüfft, obwohl sie zwar etwas zeitaufwändig aber einfach durchzuführen ist.

Es geht um eine gründliche schriftliche Erlebnisanalyse der letzten 24 Stunden. Nachdem sich jeder um eine sorgfältige Beschreibung bemüht hat, wird die »Erlebnisverarbeitung« untersucht. Was kommt in ihr vor, was überhaupt nicht? Kriterien können sein: Umfang der Analyse, Anzahl der Erlebnisse und Tiefe.

Bewusste Wahrnehmung von Personen (G)

Alle Teilnehmer dieser Übung sitzen im Kreis mit dem Rücken nach innen. Eine Person geht langsam im Aussenkreis herum und schaut alle prüfend an. Dann beginnt sie einen Teilnehmer zu beschreiben, ohne ihn durch Blicke zu fixieren. Die unauffälligen Kennzeichen nennt sie zuerst, die auffälligen erst am Schluss. Die Teilnehmer sollen sich während der Übung nicht umdrehen, sondern geradeaus sehen. Reflexion: Wie bewusst nimmt der Einzelne seine Mitspieler wahr?

Selbst- und Fremdwahrnehmung (G)

Für diese Übung ist jeder Teilnehmer mit Papier und Stift ausgestattet.

Bei dieser Übung geht es um das Bewusstmachen verschiedener vermuteter Fremdbilder und den Austausch von Eindrücken zum Selbstbild in der Gruppe.

In der 1. Übungsphase beantwortet jeder Teilnehmer für sich selbst folgende Fragen:

- Wie sehe ich mich selbst? (Maximal 5 Aussagen notieren.)
- Wie sehen (sahen) mich meine Eltern? (Maximal 5 Aussagen notieren.)
- Wie sehen mich gute Freunde? (Maximal 5 Aussagen notieren.)

In der 2. Übungsphase werden in Vierergruppen die Fragen nacheinander besprochen, wobei auch Gründe genannt werden sollen und die Gruppenmitglieder Feed-back geben.

Erleben nichtsprachlicher Ausdrucksmöglichkeiten (G)

Diese Wahrnehmungs- und Beobachtungsübung macht deutlich, wie wenig im Allgemeinen bei Gesprächen auf die Möglichkeiten des körperlichen Ausdrucks von Wünschen und Mitteilungen geachtet wird.

Die Übung wird nonverbal und unter Verzicht auf jegliche Geräusche durchgeführt. Jeder Teilnehmer versucht, dem oder den anderen ausschließlich durch Gesten, Mimik und Körperbewegungen seine Meinung und Wünsche klarzumachen. Als Themen eignen sich besonders die Anordnung von Gegenständen im Raum oder die Sitzordnung. Bei Veränderungsabsichten wird es unterschiedliche Wünsche und Auffassungen geben. Die Lösungen sind ebenfalls durch Gesten, Bewegungen und Berührungen auszudrücken.

Aufmerksamkeit und Gedächtnis (G)

Kaum ein Gedächtnis arbeitet gleichmäßig. Unsere Erinnerungen sind manchmal sehr präzise, dann wieder lückenhaft und ungenau. Richter, die täglich Zeugen nach Beobachtetem befragen, stellen immer wieder fest, wie subjektiv die Aussagen mehrerer Personen zu ein und demselben beobachteten Vorgang ausfallen.

Gemeinsam schauen wir uns in der Gruppe einen (unbekannten) Fernseh- bzw. Videofilm an. Es soll nach dem Film möglichst viel wiedergegeben werden. Zuerst wird die äußere, aufmerksame Haltung beschrieben. Danach stellen wir die innere Aufmerksamkeit auf den Prüfstand. Wie viele Personen spielten z.b. in dem Film mit? Wie hießen Sie? Welche Landschaften, Häuser, Räume, Gegenstände, Fahrzeuge, Schilder, Zahlen und sonstigen Details kamen vor? Gegebenenfalls werden die Ergebnisse noch einmal mit dem erneut abgespielten Film verglichen. Welche Dinge wurden übersehen? Warum?

Einsicht und Erkenntnis (A/G)

Durch Einsicht schließen wir uns fremden Erkenntnissen auf und übertragen die eigenen auf angemessene Weise. Eine kleine Fallstudie könnte verdeutlichen, wie weit die Einsicht geht. Unser Übungsbeispiel: Versuchen Sie zu beschreiben, was Ihrer Meinung nach einen Jugendlichen zum Außenseiter machen kann. In der Gruppe werden Aussagen von jedem einzelnen Teilnehmer aufgeschrieben, im Anschluss vorgetragen und ausführlich erörtert.

11. Begriffssammlung zur differenzierten Verbesserung der Benennung beobachteten, gedeuteten und beurteilten Verhaltens

Die Aussagekraft schriftlicher Beobachtungsergebnisse hängt in besonderer Weise von der klaren und eindeutigen Benennung des beobachteten und gedeuteten Verhaltens ab. In einem Protokoll, Bericht oder Gutachten verwendete Begriffe sollen helfen, Kinder besser kennenzulernen und zu verstehen. Präzise Formulierungen, Hinweise auf die konkrete Beobachtungssituation, die unterschiedlichen persönlichen Voraussetzungen und das Umfeld, in dem das Kind beobachtet wurde, erhöhen die Qualität des Beobachtungsergebnisses und beugen einer möglichen Stigmatisierung vor.

Bei Aufzeichnungen werden häufig Begriffe von Eigenschaften verwendet, die weder konkret, noch sachlich sind, z.b.:

Christian war heute frech,

... verhält sich unsozial,

... ist oft unsicher,

... gibt sich willig,

... ist unbegabt,

... ist fleißig,

... gibt sich unselbständig.

Diese Formulierungen beschreiben weder eine Situation, noch sagen sie etwas über die möglichen Gründe des beschriebenen kindlichen Benehmens aus. Verhält sich Christian »*frech*« aus Übermut, Trotz, Unsicherheit oder Überheblichkeit? Bei der Verwendung von Eigenschaftswörtern zur Beschreibung, Deutung und Beurtei-

lung für Aufzeichnungen müssen wir uns mit ihren Interpretationsmöglichkeiten auseinandersetzen.

Was heißt es schon, wenn wir sagen, ein Kind habe etwas »*falsch*«
gemacht oder sei »*ungezogen*« gewesen? Verschiedene Erzieherinnen werden sich unter diesen Formulierungen höchst unterschiedliche Sachverhalte vorstellen. Aus dieser ungenauen Information
kann man jedenfalls nicht schließen, was vorgefallen ist, ob ein Kind
nun wirklich etwas »Schlimmes« angestellt hat, oder ob die Erzieherin vielleicht zu streng in ihrer Beurteilung des kindlichen Verhaltens war. Was dem Einen bereits als mögliche »Verhaltensstörung« erscheint, erachtet der andere möglicherweise nur als
einen »Ausrutscher« des Kindes auf dem Weg zu reiferen Formen
des Verhaltens.

Viele Menschen neigen dazu, Verhaltensweisen mehr zu interpretieren als zu beschreiben. Sie glauben zwar, sich klar und verständlich ausgedrückt zu haben, müssen aber hinterher feststellen,
dass sich z.B. der Leser eines Verhaltensprotokolls über ein Kind kein
rechtes Bild machen kann und mehrfach nachfragen muss. Dies
kann zeitraubend bis peinlich sein. Solche Situationen entstehen,
indem die betreffenden Verhaltensweisen des Kindes oder andere
Sachverhalte eben nicht klar und eindeutig beschrieben, sondern
mit vagen Begriffen belegt werden. Die Möglichkeit, das Verhalten
eines Kindes zu verändern, wird durch mangelnde Definition und
Beschreibung des zu verändernden Verhaltens stark beeinträchtigt.
Wenn die Verhaltensweisen eines Kindes nur vage bezeichnet sind,
weiß man nie so recht, was man überhaupt daran ändern will und
wie man dabei vorgehen kann.

Unser Ziel muss sein, bestimmte Verhaltensweisen eines Kindes
so zu beschreiben, dass sich die Leser des Protokolls eine klare
Vorstellung machen können.

Die folgende Begriffssammlung soll Ihnen helfen, beobachtetes
und gedeutetes Verhalten möglichst differenziert und zutreffend zu
benennen, um so zu einer Objektivierung, also dem Kind weitestgehend gerecht werdenden Beurteilung zu gelangen.

Ein großes Repertoire an Begriffen ist nicht nur *wortschatzer-
weiternd* und schulend, es hilft auch beim reflektierenden Nachdenken über ein beobachtetes Kind. Selbstredend ist diese Begriffs-

sammlung nicht abgeschlossen. Sie sollte von Ihnen fortgeschrieben werden. Überlegen Sie doch auch einmal, welche Vorstellungen Sie mit dem einen oder anderen Begriff verbinden und inwieweit er unterschiedliche Interpretationen zulässt. Tauschen Sie sich dabei mit anderen Studierenden bzw. Kolleginnen aus.

Begriffssammlung zur Beobachtung und Beschreibung

äußeres Erscheinungsbild	Konstitution	Haltung gegenüber anderen
auffällig	klein	freundlich
unauffällig	groß	verschlossen
gepflegt	zierlich	geduckt
ungepflegt	feingliedrig	zugewandt
vernachlässigt	dick	anteilnehmend
verschmutzt	schmal	gedrückt
schlicht	kränkelnd	verkrampft
aufdringlich	stark	ungezwungen
übertrieben	schwach	introvertiert
bescheiden	robust	extrovertiert
geschmackvoll	schlaff	hilfsbereit
geschmacklos	energiegeladen	offen
_____	_____	_____
_____	_____	_____

Sprachverhalten/ Stimme	Mimik	Gestik
ängstlich	klar	lebendig
zögernd	lebendig	erstarrt
zurückhaltend	ausdruckslos	fahrig
bestimmt	entspannt	schwerfällig
artikuliert	verzerrt	sparsam
klangvoll	verängstigt	locker
klagend	entspannt	plump
nachdrücklich	verlegen	steif

schrill	bestimmt	karg
grob	leer	flüssig
_____	_____	_____
_____	_____	_____

Verhalten in Situationen

Druckangst	**Konfliktverhalten**	**Stressverhalten**
aufgeregt	verstockt	aufbrausend
unaufmerksam	gehemmt	lustlos
unruhig	aggressiv	zerfahren
unsicher	uneinsichtig	blindwütig
unansprechbar	entmutigt	kraftlos
verkrampft	passiv	verbissen
erstarrt	zugeknöpft	unkonzentriert
verworren	widerspenstig	abgespannt
nervös	verschlossen	
vergesslich	stur	herausfordernd
_____	_____	_____
_____	_____	_____

Autonomie	**Selbstgefühl**	**Motivation**
offen	natürlich	interessiert
planvoll	ausgewogen	neugierig
zielstrebig	unterschätzt	ehrgeizig
phantasievoll	überschätzt	egoistisch
selbständig	ungezügelt	wissensdurstig
kreativ	überheblich	strebend
selbstkritisch	unterdrückt	führend
abhängig	unterentwickelt	vorbildlich
ungezügelt	stabil	nacheifernd
entschlossen	beherrscht	schwach
_____	_____	_____
_____	_____	_____

Ich-Kompetenz	Sozialkompetenz	Lernfähigkeit
entschlossen	kontaktfähig	aufnahmefähig
sensibel	gesellig	merkfähig
selbständig	dominant	kreativ
bestimmend	eingliedernd	einsichtig
labil	ausgleichend	anwendend
höflich	mitfühlend	vergleichend
wankelmütig	mitdenkend	erfinderisch
irritierbar	mitmachend	problemlösend
	impulsgebend	urteilend
dominierend	absondernd	transferierend
geduldig	beschwichtigend	begriffsstutzig

  _____   _____   _____

  _____   _____   _____

Begriffssammlung zur Deutung

Denkvermögen	Verstehen	Erinnerungs-fähigkeit
logisch	einsichtig	genau
klar	uneinsichtig	ungenau
assoziativ	verständnisvoll	flüchtig
präzise	verständnislos	vergesslich
konkret	erfassend	bruchstückhaft
kombinierend	überlegt	detailliert
kritisch	scharfsinnig	gründlich
anschaulich	feinfühlig	erlebnisgebunden
phantasievoll	verknüpfend	zögernd
geordnet	abstrakt	nachhaltig
begriffsarm	durchdacht	kurzzeitig
eigenwillig	vertiefend	langzeitig

  _____   _____   _____

  _____   _____   _____

Willenskraft	**Temperament**	**Ausdauer**
entschlossen	frohgestimmt	aufmerksam
schwankend	heiter	ablenkbar
unentschlossen	temperamentvoll	sprunghaft
beherrscht	schwermütig	schwankend
drängend	spritzig	stetig
dynamisch	ungeduldig	ermüdbar
direkt	impulsiv	konzentriert
intensiv	harmonisch	umständlich
getrieben	müde	intensiv
energisch	lahm	zuverlässig
geradeheraus	natürlich	gleichmäßig
unbeherrscht	flott	zäh

_____

_____

Umweltbezug	**Erlebnisfähigkeit**	**Differenzierung**
kontaktfähig	anteilnehmend	einfühlsam
zugänglich	aufnehmend	sensibel
extrovertiert	schöpferisch	verstehend
introvertiert	ansprechbar	verworren
beobachtend	verarbeitend	beeinflussbar
tatendurstig	harmonisch	ungegliedert
verschlossen	empfindsam	intuitiv
tatkräftig	herzlich	unterscheidungs-fähig
bindungsfähig	ausgewogen	zaghaft
distanziert	unansprechbar	nachempfindend
geöffnet	stumpf	beeindruckbar
einsatzfreudig	lebendig	realistisch

_____

_____

Bindungsfähigkeit
anschmiegsam
gesellig
anteilnehmend
bindungslos
anhänglich
haftend
verwurzelt
ausgeglichen
verständnisvoll
kameradschaftlich

_____

_____

Begriffssammlung zur Beurteilung

Selbständigkeit	**Sozialverhalten**	**Spielfreude**
frei	teamfähig	abwechslungsreich
unbefangen	anpassungsbereit	sprunghaft
befangen	gesellig	einfallsreich
lebendig	unterordnend	erfinderisch
entschlossen	ichbetont	schnell
kritisch	unauffällig	einfallslos
stark	gerechtdenkend	beschwingt
unsicher	einfühlsam	gelöst
unentschlossen	entgegenkommend	locker
hilfsbedürftig	kameradschaftlich	temperamentvoll
nachahmend	liebenswürdig	verarmt
angepasst	anteilnehmend	erlebnisfähig
schwankend	sozial	ausdauernd
bestimmt	egozentrisch	fröhlich
zielklar	warmherzig	motorisch
ruhend	ausgleichend	tatkräftig
mutig	aggressiv	kreativ
eigenwillig	dominierend	verspielt

_____   _____   _____

Arbeitsverhalten	**Lernbefähigung**	**Lernbereitschaft**
ansprechbar	logisch denkend	anteilnehmend
unansprechbar	intelligent	aufgeschlossen
konzentriert	analysierend	aufmerksam
unkonzentriert	kombinierend	unaufmerksam
ausdauernd	urteilsfähig	verträumt
schwankend	einfallsreich	gleichgültig
beständig	bildsam	neugierig
planvoll	besonnen	konzentriert
ordentlich	vorstellungsfähig	willig
unordentlich	einsichtig	geduldig
sicher	phantasievoll	lustlos
selbständig	differenzierend	interesselos
gewissenhaft	vergesslich	belehrbar
übungsfähig	umsichtig	zügig
antriebsstark	beeindruckbar	eifrig

Literatur

Aster, R./Merkens, H. (Hrsg.): Teilnehmende Beobachtung. Werkstattberichte und methodologische Reflexionen. Frankfurt/M 1989

Bleckmann, R.: Soziales Verhalten im Kindergarten – die Praxis der kleinen schritte. Freiburg 1984

Brodin, M./Hylander, I.: Wie Kinder kommunizieren (Hrsg. v. P. Thiesen). Weinheim 2002

Burkhart, R./Hömberg, W.: Kommunikationstheorien. Wien 1992

Dechmann, B./Ryffel, C.: Soziologie im Alltag. Weinheim 112002

Dollase, R.: Soziometrische Techniken. Weinheim 1976

Duss von Werdt, J.: Familientherapie, Systemtherapie. Eine Materialsammlung. Luzern 1997

Ellermann, W.: Das sozialpädagogische Praktikum (Hrsg. v. P. Thiesen). Weinheim 2002

Friedrichs, J./Lüdtke, H.: Teilnehmende Beobachtung. Weinheim 1973

Grell, J.: Techniken des Lehrerverhaltens. TB Weinheim 2001

Haucke, K.: Chancen der Altersmischung im Kindergarten –sozialpsychologische Untersuchungen und Anregungen für Erzieher. Köln 1987

Just, H.: Beobachtungshilfen für Erzieher. Kindergarten heute 1980, S. 147 - 150

Langner, A.: Lehrer beobachten und beurteilen Schüler. München 1983

Legewie, H./Ehlers, W.: Handbuch Moderne Psychologie. München 1992

Mandl, H./Krapp, A. (Hrsg.): Schuleingangsdiagnose. Göttingen 1978

Murch, G.M./Woodworth, G.L.: Wahrnehmung. Stuttgart 1978

Oerter, R.: Erkennen. Donauwörth 1974

Ortner, A./Ortner, R.:Verhaltens- und Lernschwierigkeiten. Weinheim 52001

Ruhe, H.G.: Methoden der Biografiearbeit. Weinheim 1998

Schepers, G./König, C.: Video-Home-Training. Eine neue Methode der Familienhilfe. Weiheim 2000

Schröder, H.: Leistungsmessung und Schülerbeurteilung. Stuttgart 1974

Thiesen, P.: Die gezielte Beschäftigung im Kindergarten. Vorbereiten – Durchführen – Auswerten. Freiburg 112002

Thiesen, P.: Mit allen Sinnen spielen. Weinheim 21997

Thiesen, P.: Sozialpädagogik Lehren. Kleines Kompendium des Unterrichtens an Ausbildungsstätten für Sozialpädagogik/Sozialarbeit. Weinheim 1991

Thiesen, P. : Das Survivalbuch für Erzieherinnen. Den Berufsalltag erfolgreich bestehen. Freiburg 1999

Utz, K.: Beobachtung von Kindern in der Kindergartengruppe. In: Kindergarten heute, 3/1986, S. 110-112

Weipert, E.: Schülerbeobachtung. Weinheim 1992

Weinschenk, R.: Geplantes Erziehen im Heim. Freiburg 41987